Śrī Īśopaniṣad

ANDERE WERKE VON HIS DIVINE GRACE
A. C. BHAKTIVEDANTA SWAMI PRABHUPĀDA

Bhagavad-gītā wie sie ist
Śrīmad-Bhāgavatam (Canto 1–10.1)
Śrī Caitanya-caritāmṛta
Kṛṣṇa – Die Quelle aller Freude
Der Nektar der Unterweisung
Der Nektar der Hingabe
Die Lehren Śrī Caitanyas
Die Lehren Königin Kuntīs
Die Lehren Śrī Kapilas
Die Schönheit des Selbst
Vollkommene Fragen, vollkommene Antworten
Leben kommt von Leben
Bewusste Freude
Im Angesicht des Todes
Bhakti-Yoga – Der Pfad des spirituellen Lebens
Jenseits von Raum und Zeit
Bhakti – Der Wandel im Herzen

Śrī Īśopaniṣad

Das Wissen, das uns dem
Höchsten Persönlichen Gott,
Śrī Kṛṣṇa, näher bringt

Mit den originalen Sanskritversen,
lateinischer Umschrift, deutschen Synonymen,
Übersetzungen und ausführlichen Erläuterungen

von

His Divine Grace
A. C. Bhaktivedanta Swami Prabhupāda
Gründer-Ācārya der Internationalen Gesellschaft für Krishna-Bewusstsein

THE BHAKTIVEDANTA BOOK TRUST

Sollten Sie Fragen oder Kommentare zu diesem Buch haben, wenden Sie sich bitte an eine der folgenden Adressen:

DEUTSCHLAND UND ÖSTERREICH

ISKCON Deutschland-Österreich e. V.
Aarstraße 8, 65329 Hohenstein
Tel. +49 (0)6120 90 41 07
www.iskcon.de

SCHWEIZ

Sankirtan-Verein
Bergstrasse 54, 8032 Zürich
Tel. +41 (0)44 262 37 90 • Fax +41 (0)55 533 01 85
sa-ve@pamho.net • www.krishna.ch

FSC
www.fsc.org
MIX
Papier aus verantwortungsvollen Quellen
FSC® C083411

Überarbeitete Auflage: 2006

www.bbt.se
www.bbtmedia.com
www.bbt.org
www.krishna.com

ISBN 978-91-7149-999-8

Śrī Īśopaniṣad (German)

Printed in 2017

Dieser Titel ist für Sie in allen E-Book-Formaten kostenlos auf www.bbtmedia.com erhältlich.
Code: **EB16DE75482P**

INHALT

EINLEITUNG vii

Invokation 1
Erstes Mantra 4
Zweites Mantra 9
Drittes Mantra 13
Viertes Mantra 17
Fünftes Mantra 21
Sechstes Mantra 26
Siebtes Mantra 30
Achtes Mantra 34
Neuntes Mantra 40
Zehntes Mantra 45
Elftes Mantra 50
Zwölftes Mantra 56
Dreizehntes Mantra 62
Vierzehntes Mantra 70
Fünfzehntes Mantra 76
Sechzehntes Mantra 83

Siebzehntes Mantra 88

Achtzehntes Mantra 96

DER AUTOR 103

QUELLENNACHWEIS 106

GLOSSAR 107

ANLEITUNG ZUR AUSSPRACHE
DES SANSKRITS 121

VERZEICHNIS DER SANSKRITVERSE 125

STICHWORTVERZEICHNIS 127

Einleitung

„Die Lehren der Veden"

Ein Vortrag von His Divine Grace A.C. Bhaktivedanta Swami Prabhupāda vom 6. Oktober 1969 in der Conway Hall in London.

Meine Damen und Herren, das heutige Thema lautet „Die Lehren der Veden". Sie mögen fragen: „Was sind die Veden?" Die Verbwurzel des Sanskritwortes *veda* kann unterschiedlich ausgelegt werden, doch seine Bedeutung ist letztlich nur eine: *veda* bedeutet „Wissen". Jede Art des Wissens, das wir aufnehmen, ist *veda,* denn die Lehren der Veden bilden das ursprüngliche Wissen. Im bedingten Zustand unterliegt unser Wissen vielen Unzulänglichkeiten. Der Unterschied zwischen einer bedingten und einer befreiten Seele besteht darin, dass die bedingte Seele vier Mängel aufweist. Der erste Mangel ist der unvermeidliche Hang, Fehler zu begehen. In unserem Land zum Beispiel galt Mahatma Gandhi als bedeutende Persönlichkeit, doch er machte viele Fehler. Kurz vor seinem Tode noch warnte ihn einer seiner Gefolgsleute: „Mahatma Gandhi, geh nicht zum Treffen in Neu-Delhi. Ich habe von Freunden gehört, dass dort Gefahr droht." Doch er hörte nicht. Er bestand auf seiner Teilnahme an dem Treffen und wurde ermordet. Selbst bedeutende Persönlichkeiten wie Mahatma Gandhi oder Präsident Kennedy – es gibt ihrer so viele – begehen also Fehler. Irren ist menschlich. Dies ist der erste Mangel der bedingten Seele.

Ein weiterer Mangel liegt darin, dass wir uns täuschen. „Täuschung" bedeutet, etwas für Wirklichkeit zu halten, was nicht Wirklichkeit ist: *māyā*. *Māyā* bedeutet „das, was nicht ist". Jeder hält beispielsweise den Körper für das Selbst. Wenn ich Sie frage, wer Sie sind, werden Sie sagen: „Ich bin Mr. John; ich bin reich; ich bin dieses; ich bin jenes." All diese Bezeichnungen beziehen sich auf Ihren Körper. Aber Sie sind nicht Ihr Körper. Diese Vorstellung ist eine Täuschung.

Der dritte Mangel ist die Neigung zum Betrug. Jeder neigt dazu, andere zu betrügen. Obwohl jemand der größte Narr sein mag, tut er so, als sei er sehr intelligent. Obwohl bereits deutlich gemacht wurde, dass er Täuschungen unterliegt und Fehler begeht, stellt er Vermutungen an: „Ich denke, dies ist so und das ist so." Er weiß aber nicht einmal, wer er selbst ist. Er schreibt philosophische Bücher, obwohl er mit Mängeln behaftet ist. Hieran zeigt sich seine Krankheit. Das ist Betrug.

Hinzu kommt schließlich, dass unsere Sinne unvollkommen sind. Wir sind sehr stolz auf unsere Augen. Oft fragt jemand herausfordernd: „Können Sie mir Gott zeigen?" Doch hat er die Augen, um Gott sehen zu können? Er wird Ihn nie sehen, wenn er nicht die geeigneten Augen dazu hat. Wenn der Saal jetzt dunkel würde, könnten wir nicht einmal die Hand vor Augen sehen. Wie weit reicht also unsere Sehkraft? Wir können daher nicht erwarten, Wissen *(veda)* mit unseren unvollkommenen Sinnen zu erwerben. Auch können wir mit all diesen Unzulänglichkeiten des bedingten Lebens niemandem vollkommenes Wissen vermitteln. Wir selbst sind ja auch nicht vollkommen. Aus diesem Grund nehmen wir die Veden so an, wie sie sind.

Sie mögen glauben, wir seien Hindus und die Veden seien hinduistische Schriften, doch das Wort „Hindu" hat weder mit uns noch mit den Veden etwas zu tun. Wir sind keine Hindus. Unsere richtige Bezeichnung lautet *varṇāśrama*. Mit *varṇāśrama* sind die Anhänger der Veden gemeint, das heißt diejenigen, die anerkennen, dass die menschliche Gesellschaft in acht Unterteilungen nach *varṇa* und *āśrama* gegliedert ist. Es gibt vier gesellschaftliche Unterteilungen und vier Unterteilungen des spirituellen Lebens. Das nennt man *varṇāśrama*. In der *Bhagavad-gītā* [4.13] heißt es: „Diese Unterteilungen findet man überall, da sie von Gott geschaffen sind." Die gesellschaftlichen Einteilungen lauten *brāhmaṇa*, *kṣatriya*, *vaiśya* und *śūdra*. *Brāhmaṇa* bezieht sich auf die intelligentesten Menschen, auf diejenigen, die wissen, was Brahman ist. Die *kṣatriyas,* die verwaltende Klasse, sind die nächst intelligenten Menschen; dann kommen die *vaiśyas,* die Kaufleute und Bauern, und schließlich die *śūdras,* die Arbeiter und Diener. Diese natürliche Einteilung findet man überall. Das ist ein vedisches Prinzip, und wir erkennen es als solches an. Vedische Prinzipien werden als axiomatische Wahrheiten klassifiziert, denn es kann in ihnen keinen Fehler geben. In Indien zum Beispiel gilt Kuhdung als rein, obwohl Kuhdung der Kot eines Tieres ist. An einer Stelle in den Veden findet man die Anweisung, sogleich ein Bad zu nehmen, wenn man den Kot eines Tieres berührt hat; doch an einer anderen Stelle heißt es, dass der Kot einer Kuh rein ist. Wenn man einen unreinen Ort mit Kuhdung einreibt, wird dieser Ort rein. Mit unserem gewöhnlichen Verständnis mögen wir einwenden: „Das ist ein Widerspruch", und es ist vom herkömmlichen Standpunkt aus betrachtet tatsächlich widersprüchlich. Trotzdem ist es nicht falsch. Es ist eine Tatsache. In Kalkutta untersuchte ein bekannter Wissenschaftler und Arzt Kuhdung und fand heraus, dass er antiseptische Eigenschaften hat.

Wenn in Indien jemand sagt: „Du musst dies tun", wird der andere vielleicht erwidern: „Was soll das heißen? Ist es eine vedische Anweisung, dass ich dir ohne Widerrede zu folgen habe?" Vedische Anweisungen kann man nicht auslegen. Wenn man jedoch genau nachforscht, warum es diese Anweisungen gibt, wird man schließlich erkennen, dass sie alle ihre Richtigkeit haben.

Die Veden sind keine Zusammenstellung menschlichen Wissens. Das vedische Wissen kommt aus der spirituellen Welt, vom Höchsten Herrn, Śrī Kṛṣṇa. Die Veden werden auch als *śruti* bezeichnet. Mit *śruti* ist Wissen gemeint, das man durch Hören erwirbt. Es ist kein experimentelles Wissen. *Śruti* wird wie eine Mutter angesehen. Viele Dinge lernen wir von unserer Mutter. Wenn zum Beispiel jemand wissen möchte, wer sein Vater ist, wer kann ihm dann eine Antwort geben? Seine Mutter. Wenn die Mutter sagt: „Hier ist dein Vater", muss er ihr glauben. Es ist ihm nicht möglich, durch Experimente festzustellen, ob der von ihr Benannte tatsächlich der Vater ist oder nicht. Wenn wir, in ähnlicher Weise, von etwas Kenntnis haben möchten, was jenseits unseres Erfahrungsbereiches liegt, jenseits unseres experimentellen

Wissens, jenseits des Bereichs unserer Sinneswahrnehmung, dann müssen wir die Veden anerkennen. Experimente stehen außer Frage. Es ist bereits experimentiert worden. Es steht bereits alles fest. Die Darstellung der Mutter zum Beispiel muss als Wahrheit angenommen werden. Es gibt keinen anderen Weg.

Die Veden werden als die Mutter betrachtet und Brahmā als der Großvater oder Urvater, weil er der Erste war, der im vedischen Wissen unterwiesen wurde. Brahmā war das erste Geschöpf im Universum. Er empfing das vedische Wissen und gab es an Nārada und andere Schüler und Söhne weiter, die es dann an ihre Schüler weiterleiteten. So kommt das vedische Wissen durch die Nachfolge der Schüler zu uns herab. In der *Bhagavad-gītā* wird bestätigt, dass das vedische Wissen auf diese Weise überliefert wurde. Wenn wir eigene Nachforschungen anstellen, werden wir zur gleichen Schlussfolgerung kommen, doch um Zeit zu sparen, sollten wir das vedische Wissen einfach annehmen. Wenn wir wissen möchten, wer unser Vater ist, und wir unsere Mutter als Autorität anerkennen, können wir alles, was sie sagt, ohne Widerrede annehmen.

Es gibt drei Arten der Aneignung von Wissen: *pratyakṣa*, *anumāna* und *śabda*. *Pratyakṣa* bedeutet „unmittelbare Wahrnehmung". Unmittelbare Erfahrung ist nicht sehr verlässlich, weil unsere Sinne nicht vollkommen sind. Wir sehen zum Beispiel jeden Tag die Sonne, und sie erscheint uns wie eine kleine Scheibe, doch in Wirklichkeit ist sie viel größer als unsere Planeten. Welchen Wert hat also solches Sehen? Wir müssen daher Bücher lesen; dann können wir mehr von der Sonne verstehen. Unmittelbare Erfahrung ist also nicht vollkommen. Das nächste ist *anumāna,* induktives Wissen: „Es könnte so sein." Mutmaßungen. Darwins Theorie beispielsweise besagt: „Es könnte so sein, oder es könnte auch so sein", aber das ist keine Wissenschaft. Das sind nur unvollkommene Vermutungen. Wenn wir aber Wissen aus den maßgeblichen Quellen empfangen, ist es vollkommen. Wenn wir von der Sendeleitung eines Rundfunksenders die Programmvorschau bekommen, erkennen wir diese an. Wir lehnen sie nicht ab, und wir brauchen auch nicht zu experimentieren, denn wir haben die Mitteilungen aus maßgeblicher Quelle empfangen.

Vedisches Wissen wird als *śabda-pramāṇa* bezeichnet. Ein anderer

Name lautet *śruti. Śruti* bedeutet, dass dieses Wissen durch das Ohr empfangen werden muss. Die Veden fordern uns auf, von einer Autorität zu hören, um transzendentales Wissen zu verstehen. Transzendentales Wissen ist Wissen aus einer Welt, die jenseits unseres Universums liegt. Innerhalb unseres Universums gibt es materielles Wissen und jenseits davon transzendentales Wissen. Wir können nicht einmal bis ans Ende des Universums gelangen; wie können wir also zur spirituellen Welt gehen? Es ist daher unmöglich, aus eigener Kraft umfassendes Wissen zu erwerben.

Es gibt eine spirituelle Welt. Es gibt noch eine andere Natur, jenseits der mal entfalteten und mal unentfalteten Materie. Doch wie wollen wir feststellen, dass es tatsächlich eine Welt gibt, wo die Planeten und ihre Bewohner ewig bestehen? All dieses Wissen ist da, doch wie wollen wir experimentieren? Das ist nicht möglich. Deshalb müssen wir die Veden zu Hilfe nehmen. Das nennt man vedisches Wissen. In unserer Bewegung für Kṛṣṇa-Bewusstsein nehmen wir Wissen von der höchsten Autorität an, von Kṛṣṇa. Kṛṣṇa wird von den verschiedensten Menschen als die höchste Autorität anerkannt. Ich spreche zunächst von den beiden Arten von Transzendentalisten. Die einen nennt man Unpersönlichkeitsanhänger, Māyāvādīs oder auch Vedāntisten, und ihr Oberhaupt ist Śaṅkarācārya. Die anderen werden als Vaiṣṇavas bezeichnet, und zu ihren Hauptvertretern gehören Rāmānujācārya, Madhvācārya und Viṣṇusvāmī. Sowohl der Śaṅkara-sampradāya als auch der Vaiṣṇava-sampradāya erkennt Kṛṣṇa als den Höchsten Persönlichen Gott an. Śaṅkarācārya gilt als ein Vertreter des Apersonalismus, der die Lehre vom unpersönlichen Brahman predigte, doch ist es eine Tatsache, dass er ein versteckter Persönlichkeitsphilosoph war. In seinem Kommentar zur *Bhagavad-gītā* schreibt er: „Nārāyaṇa, der Höchste Persönliche Gott, weilt jenseits der kosmischen Manifestation." Und dann bestätigt er weiter: „Dieser Höchste Persönliche Gott, Nārāyaṇa, ist Kṛṣṇa. Er ist gekommen als der Sohn Devakīs und Vasudevas." Er erwähnt insbesondere die Namen von Kṛṣṇas Vater und Mutter. Kṛṣṇa wird also von allen Transzendentalisten als der Höchste Persönliche Gott anerkannt. Darüber besteht kein Zweifel.

Unsere Wissensquelle im Kṛṣṇa-Bewusstsein ist die *Bhagavad-gītā,* die unmittelbar von Śrī Kṛṣṇa kommt. Wir haben sie unter dem Titel

Bhagavad-gītā wie sie ist veröffentlicht, weil wir Kṛṣṇas Worte ohne Auslegung annehmen, so wie Er sie ursprünglich gesprochen hat. Das ist vedisches Wissen. Da vedisches Wissen rein ist, nehmen wir es an. Was immer Kṛṣṇa sagt, nehmen wir an. Das ist Kṛṣṇa-Bewusstsein. So spart man viel Zeit. Wenn wir uns an die richtige Autorität oder die richtige Wissensquelle halten, sparen wir viel Zeit. In der materiellen Welt gibt es zwei Wege, Wissen zu erwerben, den induktiven und den deduktiven. Den deduktiven Weg zu beschreiten bedeutet zum Beispiel anzuerkennen, dass der Mensch sterblich ist. Der Vater sagt, der Mensch sei sterblich; die Schwester sagt, der Mensch sei sterblich; jeder sagt, der Mensch sei sterblich – und daher experimentieren wir nicht. Wir erkennen es als eine Tatsache an. Den induktiven Weg zu beschreiten bedeutet nachzuforschen, ob der Mensch sterblich ist. Wir müssen jeden einzelnen Menschen untersuchen, und es mag uns der Gedanke kommen, dass es vielleicht einen Menschen gibt, der nicht stirbt, und dass wir ihn nur noch nicht gesehen haben. Auf diese Weise werden unsere Nachforschungen nie ein Ende nehmen. Diesen Weg nennt man im Sanskrit *āroha,* den aufsteigenden Pfad. Wenn wir durch persönliche Bemühung oder durch den Gebrauch unserer unvollkommenen Sinne Wissen erlangen wollen, werden wir nie zu den richtigen Schlussfolgerungen gelangen. Es ist einfach nicht möglich.

In der *Brahma-saṁhitā* heißt es an einer Stelle: „Stell dir vor, du sitzt in einem Flugzeug, das mit der Geschwindigkeit des Geistes fliegt.“ Unsere materiellen Flugzeuge können 2000 Kilometer in der Stunde fliegen, doch bedenken wir einmal die Geschwindigkeit des Geistes. Sie sitzen zu Hause und denken an Indien, das von hier viele tausend Kilometer entfernt liegt, und sogleich sind Sie dort. Ihr Geist ist dorthin gegangen. Die Geschwindigkeit des Geistes ist ungeheuer schnell. Deshalb heißt es: „Wenn du dich mit dieser Geschwindigkeit für Millionen von Jahren fortbewegst, wirst du erkennen, dass der spirituelle Himmel grenzenlos ist.“ Es ist nicht möglich, sich dieser Sphäre mit materiellen Mitteln auch nur zu nähern. Aus diesem Grund lautet die vedische Unterweisung, dass man sich an einen echten spirituellen Meister, einen *guru,* wenden muss (das Wort „unumgänglich“ wird gebraucht). Und wodurch zeichnet sich ein echter spiritueller Meister aus? Er hat die vedische Botschaft von der richtigen Quelle richtig gehört. Er muss im praktischen Leben fest im Brahman verankert sein. Dies sind die beiden Eigenschaften, die er besitzen muss. Andernfalls ist er nicht echt.

Die Bewegung für Kṛṣṇa-Bewusstsein ist von den vedischen Prinzipien her völlig autorisiert. In der *Bhagavad-gītā* sagt Kṛṣṇa: „Das Ziel aller vedischen Studien bin Ich." In der *Brahma-saṁhitā* heißt es: „Kṛṣṇa, Govinda, hat unzählige Erscheinungsformen, doch sie sind alle eins." Man kann sie nicht mit unseren Körpern gleichsetzen, die unvollkommen sind. Seine Gestalt ist vollkommen. Mein Körper hat einen Anfang, doch Sein Körper hat keinen Anfang. Er ist *ananta,* unendlich, und Seine Erscheinungsformen sind zahllos. Mein Körper sitzt jetzt hier, und nicht in meiner Wohnung. Sie sitzen ebenfalls hier, und nicht in Ihrer Wohnung. Doch Kṛṣṇa kann überall zugleich sein. Er kann sich in Goloka Vṛndāvana aufhalten und zur gleichen Zeit überall sein – Er ist alldurchdringend. Er ist der Ursprüngliche, der Älteste, doch wenn Sie ein Bild von Kṛṣṇa betrachten, werden Sie immer einen fünfzehnbis zwanzigjährigen Jüngling sehen. Sie werden nie einen alten Mann finden. Sie haben vielleicht in der *Bhagavad-gītā* Bilder gesehen, die Kṛṣṇa als Wagenlenker darstellen. Damals war Er über hundert Jahre alt. Er hatte bereits Urenkel, doch Er sah aus wie ein Jüngling. Kṛṣṇa, das heißt Gott, wird nie alt. Das ist ein Zeichen Seiner Allmacht. Und wenn wir Kṛṣṇa durch das Studium der vedischen Literatur erkennen möchten, werden wir wahrscheinlich scheitern. Es ist vielleicht nicht unmöglich, doch ist es sehr schwierig. Wir können jedoch sehr leicht von Seinem Geweihten etwas über Ihn erfahren. Der Gottgeweihte kann uns Kṛṣṇa geben: „Hier ist Er, nehmen Sie Ihn." Das steht in der Macht der Geweihten Kṛṣṇas.

Ursprünglich gab es nur einen Veda, und es war nicht nötig, ihn zu lesen. Die Menschen waren so intelligent und verfügten über ein solch scharfes Erinnerungsvermögen, dass sie nur einmal von den Lippen des spirituellen Meisters zu hören brauchten, um das Gesprochene in sich aufzunehmen und zu verstehen. Die gesamte Bedeutung war ihnen sogleich klar. Vor fünftausend Jahren dann legte Vyāsadeva für die Menschen des gegenwärtigen Zeitalters, des Kali-yuga, die Veden schriftlich nieder. Er wusste, dass die Menschen nur noch eine kurze Lebenserwartung haben würden, dass ihr Erinnerungsvermögen sehr schwach und ihre Intelligenz nicht sehr scharf sein würde. Er überlegte also: „Ich will das vedische Wissen in schriftlicher Form lehren.“ Er gliederte den ursprünglichen Veda in vier Teile (*Ṛg*, *Sāma*, *Atharva* und *Yajur*) und gab diese in die Obhut seiner Schüler. Sodann dachte er an die weniger intelligenten Menschen, nämlich *strī* (die Frauen), *śūdra* (die Arbeiter) und *dvija-bandhu*. Ein *dvija-bandhu* ist jemand, der in einer hoch gestellten Familie geboren wurde, jedoch nicht entsprechend befähigt ist. Ein Mensch, der in einer *brāhmaṇa*-Familie geboren wurde, aber nicht die Eignung eines *brāhmaṇa* besitzt, wird als *dvija-bandhu* bezeichnet. Für diese Menschen verfasste Vyāsadeva das *Mahābhārata*, auch „die Geschichte Indiens“ genannt, und die Purāṇas. Die vedischen Schriften umfassen also die Purāṇas, das *Mahābhārata*, die vier Veden und die Upaniṣaden. Die Upaniṣaden bilden einen Teil der Veden.

Als nächstes fasste Vyāsadeva das gesamte vedische Wissen für Gelehrte und Philosophen im *Vedānta-sūtra* zusammen. Dieses Werk gilt als „die Essenz der Veden“. Vyāsadeva schrieb das *Vedānta-sūtra* persönlich unter der Anleitung Nāradas, seines Guru Mahārāja [spiritueller Meister], doch er war immer noch nicht zufrieden. Dies ist eine lange Geschichte, die man im *Śrīmad-Bhāgavatam* nachlesen kann. Selbst nachdem Vedavyāsa die zahlreichen Purāṇas und Upaniṣaden zusammengestellt und sogar nachdem er das *Vedānta-sūtra* verfasst hatte, war er nicht zufrieden. Darauf gab ihm sein spiritueller Meister, Nārada, die Anweisung: „Erkläre den *Vedānta*.“ *Vedānta* bedeutet „das letzte, das höchste Wissen“, und das höchste Wissen ist Kṛṣṇa. Kṛṣṇa sagt, dass Er das Ziel des Studiums der Veden ist: *vedaiś ca sarvair aham eva vedyo*. Er sagt auch: *vedānta-kṛd veda-vid eva cāham*. „Ich bin der Verfasser des *Vedānta-sūtra*, und Ich bin der Kenner der Veden.“ Das endgültige Ziel ist daher Kṛṣṇa. Dies wird in allen Kommentaren der Vaiṣṇavas zur Vedānta-Philosophie erklärt. Wir Gauḍīya-Vaiṣṇavas haben unseren eigenen Kommentar zur Vedānta-Philosophie, den *Govinda-bhāṣya* von Baladeva Vidyābhūṣaṇa. Auch Rāmānujācārya und Madhvācārya schrieben einen Kommentar. Śaṅkarācāryas Auslegung ist nicht der einzige Kommentar. Es gibt also viele Kommentare zum *Vedānta*, und nur weil die Vaiṣṇavas nicht als erste einen *Vedānta*-Kommentar vorlegten, ist der falsche Eindruck entstanden, der Śaṅkarācāryas sei der einzige. Abgesehen davon verfasste Vyāsadeva selber den vollendeten *Vedānta*-

Kommentar – das *Śrīmad-Bhāgavatam*. Das *Śrīmad-Bhāgavatam* beginnt mit den ersten Worten des *Vedānta-sūtra: janmādy asya yataḥ*. Und dieses *janmādy asya yataḥ* wird im *Śrīmad-Bhāgavatam* ausführlich erklärt. Das *Vedānta-sūtra* deutet nur an, was das Brahman, die Absolute Wahrheit, ist: *janmādy asya yataḥ*. „Die Absolute Wahrheit ist das, von dem alles ausgeht." Dies ist eine Zusammenfassung, doch im *Śrīmad-Bhāgavatam* findet man eine bis in alle Einzelheiten gehende Erklärung. Wenn alles von der Absoluten Wahrheit ausgeht, worin besteht dann das Wesen der Absoluten Wahrheit? Das wird im *Śrīmad-Bhāgavatam* erklärt. Die Absolute Wahrheit muss Bewusstsein sein. Sie ist von sich aus erleuchtet, sie leuchtet aus sich selbst heraus *(sva-rāṭ)*. Wir entwickeln unser Bewusstsein und unser Wissen, indem wir von anderen Wissen empfangen; doch von der Absoluten Wahrheit heißt es, sie sei von sich aus erleuchtet. Das gesamte vedische Wissen ist im *Vedānta-sūtra* zusammengefasst, und dieses *Vedānta-sūtra* erläutert sein Verfasser selbst im *Śrīmad-Bhāgavatam*. Zuletzt möchte ich all diejenigen bitten, die wirklich nach vedischem Wissen streben, die Erklärung allen vedischen Wissens anhand der Erklärungen im *Śrīmad-Bhāgavatam* und in der *Bhagavad-gītā* zu verstehen.

Invokation

ॐ पूर्णमदः पूर्णमिदं पूर्णात्पूर्णमुदच्यते ।
पूर्णस्य पूर्णमादाय पूर्णमेवावशिष्यते ॥

oṁ pūrṇam adaḥ pūrṇam idaṁ
pūrṇāt pūrṇam udacyate
pūrṇasya pūrṇam ādāya
pūrṇam evāvaśiṣyate

oṁ – das Vollständige Ganze; *pūrṇam* – völlig vollkommen; *adaḥ* – dieses; *pūrṇam* – völlig vollkommen; *idam* – die Erscheinungswelt; *pūrṇāt* – von dem Allvollkommenem; *pūrṇam* – vollständige Einheit; *udacyate* – wird hervorgebracht; *pūrṇasya* – vom Vollständigen Ganzen; *pūrṇam* – völlig, alles; *ādāya* – fortgenommen worden sein; *pūrṇam* – die völlige Ausgeglichenheit; *eva* – sogar; *avaśiṣyate* – bleibt.

Der Persönliche Gott ist vollkommen und vollständig, und weil Er völlig vollkommen ist, sind alle Seine Emanationen, wie zum Beispiel die Erscheinungswelt, als vollständige Einheiten vollkommen ausgestattet. Alles, was vom Vollkommenen Ganzen hervorgebracht wird, ist ebenfalls in sich vollständig. Weil Er das Vollkommene Ganze ist, bleibt Er die völlige Ausgeglichenheit, obwohl zahllose vollständige Einheiten von Ihm ausgehen.

ERLÄUTERUNG: Das Vollkommene Ganze, die Absolute Wahrheit, ist der vollkommene Persönliche Gott. Die Erkenntnis des unpersönlichen Brahman und auch die des Paramātmā (Überseele) ist eine unvollständige Erkenntnis des Absoluten Ganzen. Der Höchste Persönliche Gott ist *sac-cid-ānanda-vigraha*. Die Erkenntnis des unpersönlichen Brahman bedeutet nur die Erkenntnis Seines *sat*-Aspektes, d.h. Seines Aspektes der Ewigkeit, und die Erkenntnis des Paramātmā, der Überseele, bedeutet die Erkenntnis Seiner Aspekte *sat* (Ewigkeit) und *cit* (Wissen). Die Erkenntnis des Persönlichen Gottes aber umfasst die Erkenntnis aller transzendentalen Aspekte, nämlich *sat*, *cit* und *ānanda* (Glückseligkeit). Wenn man die Höchste Person erkennt, erkennt man diese Aspekte in vollendeter Form. *Vigraha* bedeutet Form. Das Vollkommene Ganze ist also nicht formlos. Wäre Es formlos oder in irgendeiner Hinsicht geringer als Seine Schöpfung, könnte Es nicht vollkommen und vollständig sein. Das Vollkommene Ganze muss also alles innerhalb und außerhalb unserer Erfahrung Existierende beinhalten.

Das Vollkommene Ganze, der Persönliche Gott, birgt in sich ungeheure Kräfte, die alle ebenso umfassend sind wie Er selbst. Die Erscheinungswelt ist daher ebenfalls in sich vollkommen und vollständig. Die vierundzwanzig Elemente, aus denen sich unser materielles Universum zusammensetzt, sind so beschaffen, dass sie alles für die Instandhaltung des Universums Notwendige hervorbringen. Keine andere Wesenheit im Universum braucht sich darum zu bemühen, das Universum zu erhalten. Das Universum bewegt sich nach seinem eigenen Zeitplan, der durch die Energie des Vollkommenen Ganzen festgelegt ist, und wenn die vorgesehene Zeit abgelaufen ist, wird diese vorübergehende Manifestation durch die vollkommene Einrichtung des Vollkommenen Ganzen vernichtet.

Den kleinen vollständigen Einheiten, d.h. den Lebewesen, bieten sich alle Möglichkeiten, das Vollkommene Ganze zu erkennen. Unvollkommenheiten nimmt man nur dann wahr, wenn man unvollkommenes Wissen vom Vollkommenen Ganzen besitzt. Die menschliche Lebensform bietet dem Lebewesen die Gelegenheit zur vollständigen Entfaltung seines Bewusstseins, und man erlangt diese Lebensform, nachdem man im Kreislauf der Geburten und Tode 8 400 000 Lebensformen durchwandert hat. Wenn das Lebewesen im menschlichen Leben seine

Vollkommenheit in Beziehung zum Vollkommenen Ganzen nicht erkennt und lebt, verliert es diese Möglichkeit und wird durch das Gesetz der materiellen Natur erneut in den Evolutionskreislauf geworfen.

Weil wir nicht wissen, dass in der Natur eine vollkommene Vorsorge für unsere Erhaltung getroffen ist, machen wir uns unter Anstrengungen die Schätze der Natur zunutze, um ein „erfülltes Leben" der Sinnenfreude zu genießen. Weil sich das Lebewesen eines solchen sinnlichen Lebens aber nicht wirklich erfreuen kann, ohne mit dem Vollkommenen Ganzen verbunden zu sein, ist ein solches Leben nichts als Illusion. Die Hand eines Körpers ist nur so lange eine vollständige Einheit, wie sie mit dem Körper verbunden ist. Wenn die Hand vom Körper abgetrennt ist, sieht sie zwar wie eine Hand aus, besitzt jedoch nicht die Kräfte einer Hand. In ähnlicher Weise sind die Lebewesen integrale Teile des Vollkommenen Ganzen, doch solange sie vom Vollkommenen Ganzen abgetrennt sind, unterliegen sie einer trügerischen Vorstellung der Vollkommenheit, die sie nicht voll zufrieden stellen kann.

Die Vollkommenheit des menschlichen Lebens erschließt sich uns erst dann, wenn wir uns im Dienst des Vollkommenen Ganzen betätigen. Ohne mit dem Vollkommenen Ganzen verbunden zu sein, werden alle Dienste in der Welt – mögen sie sozialer, politischer, kommunaler, internationaler oder selbst interplanetarischer Art sein – unvollkommen bleiben. Wenn alles mit dem Vollkommenen Ganzen verbunden ist, werden die verbundenen integralen Teile ebenfalls in sich selbst vollkommen und vollständig.

Erstes Mantra

ईशावास्यमिदँ सर्वं यत्किञ्च जगत्यां जगत् ।
तेन त्यक्तेन भुञ्जीथा मा गृधः कस्य स्विद्धनम् ॥

īśāvāsyam idaṁ sarvaṁ
yat kiñca jagatyāṁ jagat
tena tyaktena bhuñjīthā
mā gṛdhaḥ kasya svid dhanam

īśā – vom Herrn; *āvāsyam* – beherrscht; *idam* – dieses; *sarvam* – alles; *yat kiṁ ca* – alles, was; *jagatyām* – innerhalb des Universums; *jagat* – alles Beseelte und Unbeseelte; *tena* – von Ihm; *tyaktena* – zur Verfügung gestellter Anteil; *bhuñjītāḥ* – sollst du annehmen; *mā* – nicht; *gṛdhaḥ* – trachte danach, zu erlangen; *kasyasvid* – eines anderen; *dhanam* – Reichtum.

Der Herr beherrscht und besitzt alles Belebte und Unbelebte im Universum. Der Mensch sollte sich daher mit dem begnügen, was er wirklich braucht und was als sein Anteil vorgesehen ist. Nach anderen Dingen sollte er nicht trachten, weiß er doch, wem sie gehören!

ERLÄUTERUNG: Das vedische Wissen ist unfehlbar, weil es durch eine vollkommene Nachfolge spiritueller Meister herabkommt, die mit dem Herrn selbst begann. Da der Herr der ursprüngliche Sprecher des vedischen Wissens ist, stammt es aus transzendentaler Quelle. Die vom Herrn gesprochenen Worte werden als *apauruṣeya* bezeichnet, was darauf hindeutet, dass sie von keinem Bewohner der materiellen Welt gesprochen wurden. Ein Bewohner der materiellen Welt ist mit vier Mängeln behaftet: 1) Es ist sicher, dass er Fehler begeht; 2) er unterliegt Täuschungen; 3) er neigt dazu, andere zu betrügen, und 4) seine Sinne sind unvollkommen. Niemand mit diesen vier Unvollkommenheiten kann vollkommenes Wissen vermitteln. Die Veden sind keine Schöpfung solch unvollkommener Lebewesen. Das vedische Wissen wurde ursprünglich Brahmā, dem ersterschaffenen Lebewesen, im Herzen offenbart, und Brahmā gab dieses Wissen an seine Söhne und Schüler weiter, die es ihrerseits an ihre Nachfolger überlieferten. So kommt das vedische Wissen die Geschichte hindurch zu uns herab.

Da der Herr *pūrṇam* (allvollkommen) ist, besteht keine Möglichkeit, dass Er den Gesetzen der materiellen Natur untersteht, welche ja von Ihm beherrscht wird. Die Lebewesen hingegen wie auch die unbelebten Dinge werden von den Naturgesetzen und letztlich von der Kraft des Herrn beherrscht. Die *Īśopaniṣad* gehört zum *Yajur Veda* und enthält Aussagen über den Eigentümer aller Dinge im Universum.

Die Oberherrschaft des Herrn über alle Dinge im Universum wird im siebten Kapitel der *Bhagavad-gītā* (7.4–5) bestätigt, wo es um *parā* und *aparā prakṛti* geht. Die Elemente Erde, Wasser, Feuer, Luft, Äther, Geist, Intelligenz und Ego gehören allesamt zur niederen, materiellen Energie des Herrn *(aparā prakṛti)*, wohingegen die Lebewesen, die organische Energie, Seine höhere Energie *(parā prakṛti)* bilden. Beide Arten der *prakṛti* gehen vom Herrn aus, und letztlich ist Er der Lenker alles Existierenden. Es gibt nichts im Universum, was nicht entweder zur *parā* oder zur *aparā prakṛti* gehört; deshalb ist alles das Eigentum des Höchsten Wesens.

Weil das Höchste Wesen, der Absolute Höchste Persönliche Gott, die vollkommene Person ist, verfügt Er über die vollständige und vollkommene Intelligenz, mittels Seiner vielfältigen Energien alles zu regeln. Das Höchste Wesen wird oft mit einem Feuer verglichen und alles Organische und Anorganische mit der Wärme und dem Licht dieses Feuers. Ebenso wie Feuer, in Form von Wärme und Licht, Energie verbreitet, so entfaltet der Herr Seine Energie auf vielfältige Weise. Er ist der höchste Herrscher, Erhalter und Lenker aller Dinge. Er verfügt über alle Kräfte; Er ist allwissend; Er ist der Wohltäter eines jeden, und Er birgt in sich unbegreiflichen Reichtum, Ruhm, unbegreifliches Wissen, unbegreifliche Macht, Schönheit und Entsagung.

Man sollte daher intelligent genug sein zu verstehen, dass der Herr allein der Besitzer aller Dinge ist. Der Mensch sollte sich deshalb mit den Dingen begnügen, die ihm der Herr als seinen Anteil zur Verfügung stellt. Die Kuh zum Beispiel gibt Milch, doch sie trinkt die Milch nicht. Sie lebt von Gras und Heu, und ihre Milch ist als Nahrungsmittel für den Menschen bestimmt. So hat es der Herr eingerichtet. Wir sollten also mit den Dingen zufrieden sein, die Er uns in Seiner Güte zur Verfügung stellt. Wir sollten immer bedenken, wem die Dinge, die wir unser Eigen nennen, im Grunde gehören.

Ein Haus beispielsweise besteht aus Erde, Holz, Stein, Eisen, Zement und vielen anderen materiellen Stoffen, und wenn wir im Sinne der *Śrī Īśopaniṣad* denken, werden wir verstehen, dass wir diese Baustoffe nicht selbst herstellen können. Wir können sie nur zusammenfügen und ihnen durch unsere Arbeit verschiedene Formen verleihen. Ein Arbeiter kann keinen Anspruch erheben, der Besitzer eines Gegenstandes zu sein, nur weil er hart gearbeitet hat, um ihn anzufertigen.

Heutzutage gibt es ständig Auseinandersetzungen zwischen Arbeitern und Unternehmern. Diese Unruhen haben mittlerweile internationale, weltbedrohliche Ausmaße angenommen. Die Menschen sind einander Feind wie Katz und Hund. Die *Śrī Īśopaniṣad* kann kläffenden Hunden und fauchenden Katzen keine Ratschläge erteilen, doch kann sie den Menschen durch die echten *ācāryas* (heilige Lehrer) die Gottesbotschaft übermitteln. Die Menschen sollten die vedische Weisheit der *Śrī Īśopaniṣad* annehmen und sich nicht um materiellen Besitz streiten. Jeder sollte mit den Rechten zufrieden sein, die ihm durch die Gnade des Herrn zustehen. Es kann keinen Frieden geben, wenn die Kommunisten, die Kapitalisten oder irgendeine andere Partei Besitzanspruch auf die Schätze der Natur erheben, die das alleinige Eigentum des Herrn sind. Weder können die Kapitalisten die Kommunisten dauerhaft durch politische Schachzüge niederhalten, noch können die Kommunisten die Kapitalisten einfach dadurch besiegen, dass sie sozusagen um gestohlenes Brot kämpfen. Solange sie nicht das Eigentumsrecht des Höchsten Persönlichen Gottes anerkennen, ist aller Besitz, den sie ihr Eigen nennen, gestohlen. Folglich wird sie die Strafe der Naturgesetze treffen. Sowohl die Kommunisten als auch die Kapitalisten verfügen über Kernwaffen, und wenn sie das Eigentumsrecht des Höchsten Herrn nicht anerkennen, ist es sicher, dass diese Waffen letztlich beide Seiten zugrunde richten werden. Um sich selbst zu retten und der Welt Frieden zu bringen, müssen daher beide Parteien die Unterweisungen der *Śrī Īśopaniṣad* befolgen.

Es ziemt sich nicht für Menschen, sich wie Katzen und Hunde zu streiten. Sie sollten intelligent genug sein, die Bedeutsamkeit und das Ziel des menschlichen Lebens zu erkennen. Die vedischen Schriften wurden für die Menschheit verfasst, nicht für Katzen und Hunde. Katzen und Hunde dürfen ihren Lebensunterhalt bestreiten, indem sie andere Tiere töten; sie machen sich dabei keiner Sünde schuldig. Doch wenn der Mensch ein Tier tötet, nur um seinen unbeherrschten Gaumen zu befriedigen, wird er wegen einer Übertretung der Naturgesetze zur Verantwortung gezogen und folglich bestraft.

Die Regeln, die für das Leben des Menschen gelten, können nicht auf die Tiere angewandt werden. Der Tiger frisst weder Reis noch Weizen, noch trinkt er die Milch der Kuh. Ihm ist Tierfleisch als Nahrung bestimmt. Es gibt zahllose Arten von Landtieren und Vögeln, doch egal ob sie Vegetarier oder Fleischfresser sind, keines von ihnen übertritt die Gesetze der Natur, die durch den Willen Gottes verfügt wurden. Säugetiere, Vögel, Kriechtiere und andere niedere Lebensformen halten sich streng an die Naturgesetze. Daher kann man bei ihnen nicht von Sünde sprechen, und die vedischen Unterweisungen sind natürlich auch nicht für sie bestimmt. Nur das menschliche Leben ist ein Leben der Verantwortlichkeit.

Es ist jedoch ein Irrtum zu glauben, man könne ein Übertreten der Naturgesetze vermeiden, bloß indem man Vegetarier wird; denn auch die Pflanzen leben. Es ist zwar ein Naturgesetz, dass ein Lebewesen dem anderen als Nahrung dient, doch für den Menschen kommt es darauf an, den Höchsten Herrn zu achten. Man sollte sich also nichts darauf einbilden, ein strikter Vegetarier zu sein. Die Tiere besitzen kein genügend entwickeltes Bewusstsein, um den Herrn zu achten, doch der

Mensch ist intelligent genug, um aus den vedischen Schriften zu lernen und so zu verstehen, wie sich die Naturgesetze auswirken. Solches Wissen bringt ihm großen Nutzen. Wenn der Mensch die Unterweisungen der vedischen Schriften missachtet, setzt er sich großer Gefahr aus. Es ist daher nötig, dass er die Oberhoheit des Höchsten Herrn anerkennt. Er muss ein Geweihter des Herrn werden, alles in den Dienst des Herrn stellen und nur die Überreste der Speisen essen, die dem Herrn geopfert wurden. Dies wird ihn befähigen, seine Pflicht richtig zu erfüllen. In der *Bhagavad-gītā* (9.26) sagt der Herr selbst, dass Er vegetarische Speisen aus den Händen eines reinen Gottgeweihten annimmt. Ein Mensch sollte daher nicht nur ein strikter Vegetarier, sondern auch ein Geweihter des Herrn werden und Ihm all sein Essen opfern, das er dann als *prasādam*, die Barmherzigkeit des Herrn, zu sich nehmen kann. Nur diejenigen, die in diesem Bewusstsein handeln, können die Pflicht des menschlichen Lebens richtig erfüllen. Diejenigen, die ihre Nahrung dem Herrn nicht opfern, essen wahrlich nichts als Sünde und setzen sich, als Folge solcher Sünde, vielerlei Leiden aus (*Bg.* 3.13).

Sünde hat ihre Ursache darin, dass man die Gesetze der Natur bewusst verletzt, indem man das Eigentumsrecht des Herrn missachtet. Ungehorsam gegenüber den Naturgesetzen oder dem Erlass des Herrn richtet den Menschen zugrunde. Ein besonnener Mensch hingegen, der die Gesetze der Natur kennt und nicht durch unnötige Zuneigung oder Abneigung beeinflusst ist, wird gewiss vom Herrn anerkannt und erlangt so die Eignung, zu Gott, in die ewige Heimat, zurückzukehren.

Zweites Mantra

कुर्वन्नेवेह कर्माणि जिजीविषेच्छतँ समाः ।
एवं त्वयि नान्यथेतोऽस्ति न कर्म लिप्यते नरे ॥

kurvann eveha karmāṇi
jijīviṣec chataṁ samāḥ
evaṁ tvayi nānyatheto 'sti
na karma lipyate nare

kurvan – fortgesetzt handelnd; *eva* – so; *iha* – während des Lebens; *karmāṇi* – Tätigkeit; *jijīviṣet* – man sollte danach streben zu leben; *śatam* – einhundert; *samāḥ* – Jahre; *evam* – so lebend; *tvayi* – für dich; *na* – keine; *anyathā* – andere Möglichkeit; *itaḥ* – außer diesem Pfad; *asti* – gibt es; *na* – nicht; *karma* – Tätigkeit; *lipyate* – kann gebunden werden; *nare* – für den Menschen.

Handelt der Mensch immer nur auf diese Weise, kann er danach streben, Hunderte von Jahren zu leben, denn so wird er nicht an das Gesetz des karma gebunden. Einen anderen Pfad als diesen gibt es für ihn nicht.

ERLÄUTERUNG: Niemand will sterben. Jeder möchte so lange leben, wie es irgend geht. Diese Neigung ist nicht nur beim Einzelnen zu beobachten, sondern auch bei Menschengruppen, Gesellschaften und Nationen. Alle Lebewesen stehen in einem harten Lebenskampf, und in den Veden heißt es, dass dies durchaus natürlich ist. Das Lebewesen ist seiner Natur nach ewig, doch weil es im materiellen Dasein gefangen ist, muss es immer und immer wieder seinen Körper wechseln. Diesen Vorgang bezeichnet man als „Seelenwanderung", und diese Wanderung ist auf *karma-bandhana,* die Bindung an das eigene Tun, zurückzuführen. Nach dem Gesetz der Natur muss das Lebewesen tätig sein, um für seinen Unterhalt zu sorgen, und wenn es nicht seinen vorgeschriebenen Pflichten gemäß handelt, übertritt es die Naturgesetze und bindet sich immer mehr an den Kreislauf von Geburt und Tod.

Andere Lebensformen sind ebenfalls an den Kreislauf der Geburten und Tode gebunden, doch wenn das Lebewesen einen menschlichen Körper bekommt, bietet sich ihm die Möglichkeit, von den Ketten des *karma* frei zu werden. *Karma*, *akarma* und *vikarma* werden in der *Bhagavad-gītā* ausführlich erklärt. Handlungen in Übereinstimmung mit den in den offenbarten Schriften erwähnten vorgeschriebenen Pflichten werden als *karma* bezeichnet. Handlungen, die das Lebewesen vom Kreislauf der Geburten und Tode befreien, nennt man *akarma*, und Handlungen, die durch den Missbrauch der eigenen Freiheit entstehen und zu einem Leben in niederen Lebensformen führen, heißen *vikarma*. Von diesen drei Arten der Handlung bevorzugen intelligente Menschen solches Tun, das von der Bindung an das Gesetz des *karma* befreit. Gewöhnliche Menschen möchten Gutes tun, um anerkannt zu werden und in dieser Welt oder im Himmel eine höhere Lebensebene zu erreichen, doch fortgeschrittenere Menschen möchten von den Aktionen und Reaktionen des Handelns völlig frei werden. Intelligente Menschen wissen genau, dass sowohl gute als auch schlechte Handlungen sie an die materiellen Leiden des Lebens fesseln. Sie bemühen sich daher, so zu handeln, dass sie von den Reaktionen auf gute wie auch schlechte Werke frei werden. Diese Handlungsweise wird auf den Seiten der *Śrī Īśopaniṣad* beschrieben.

Eine ausführlichere Erläuterung der Unterweisungen der *Śrī Īśopaniṣad* findet man in der *Bhagavad-gītā*, bisweilen auch *Gītopaniṣad* genannt, der Essenz aller Upaniṣaden. In der *Bhagavad-gītā* sagt der Persönliche Gott, dass man die Stufe des *naiṣkarmya (akarma)* nicht erreichen kann, ohne die in den vedischen Schriften erwähnten vorgeschriebenen Pflichten zu erfüllen. Diese Schriften verstehen es, die Arbeitskraft eines Menschen so zu regulieren, dass er nach und nach die Oberhoheit des Höchsten Wesens anerkennt. Wer die Oberhoheit des Persönlichen Gottes, der Vāsudeva oder auch Kṛṣṇa genannt wird, achtet, hat die Stufe positiven Wissens erreicht. Auf dieser Stufe der Reinheit haben die Erscheinungsweisen der Natur – Tugend, Leidenschaft und Unwissenheit – keinen Einfluss mehr auf ihn, und er ist in der Lage, auf der Grundlage von *naiṣkarmya* zu handeln. Solches Tun bindet ihn nicht an den Kreislauf von Geburt und Tod.

Im Grunde braucht niemand mehr zu tun, als dem Herrn in Hingabe zu dienen, doch auf den unteren Stufen des Lebens fühlt man sich nicht sogleich imstande, sich dem hingebungsvollen Dienen zuzuwenden und alles karmische, eigennützige Handeln völlig einzustellen. Die bedingte Seele ist es gewohnt, zur Befriedigung ihrer Sinne zu handeln, für ihr eigenes, selbstsüchtiges Interesse, sei dieses auf die eigene Person bezogen oder auf andere ausgedehnt. Gewöhnlich handelt ein Mann, um seine eigenen Sinne befriedigen zu können, und wenn er diesen Grundgedanken der Sinnenfreude ausdehnt, um seine Gesellschaft, seine Nation oder die ganze Menschheit mit einzubeziehen, entstehen solch viel versprechende Begriffe wie Altruismus, Sozialismus, Kommunismus, Nationalismus und Humanismus. Diese „Ismen" sind zweifellos sehr anziehend wirkende Formen des *karma-bandhana* (karmische Gebundenheit), doch die vedische Unterweisung der *Īśopaniṣad* lautet, dass jemand, der wirklich für einen der oben genannten „Ismen" leben möchte, Gott in den Mittelpunkt dieses „Ismus" stellen soll. Es schadet nichts, wenn man ein Familienvater, ein Altruist, Sozialist, Kommunist, Nationalist oder Humanist wird, vorausgesetzt, dass man nach dem Prinzip des *īśāvāsya* handelt, der Lebensauffassung, die Gott in den Mittelpunkt stellt.

In der *Bhagavad-gītā* (2.40) heißt es, dass Tätigkeiten in Beziehung zu Gott so wertvoll sind, dass schon einige wenige von ihnen einen Menschen vor der größten Gefahr bewahren können. Die größte Gefahr des Lebens besteht darin, wieder in den Evolutionskreislauf von Geburt und Tod mit seinen 8 400 000 Lebensformen abzugleiten. Wenn jemand aus irgendeinem Grund die spirituelle Gelegenheit versäumt, die ihm sein menschlicher Körper bietet, und wieder in den Evolutionskreislauf zurücksinkt, muss er als äußerst unglückselig betrachtet werden. Aufgrund seiner unzulänglichen Sinne kann ein törichter Mensch nicht sehen, dass dies geschieht. Die *Śrī Īśopaniṣad* rät uns daher, unsere Energie im Geiste des *īśāvāsya* anzuwenden. Wenn wir dies tun, mögen wir uns wünschen, viele, viele Jahre lang zu leben; ansonsten ist ein langes Leben wertlos. Ein Baum lebt Hunderte von Jahren, doch was ist der Nutzen, so lange zu leben wie ein Baum, zu atmen wie ein Blasebalg, Nachkommen zu zeugen wie ein Schwein oder Hund oder seinen Magen zu befriedigen wie ein Kamel? Ein bescheidenes Leben mit Gott im Mittelpunkt ist mehr wert als der Riesenschwindel eines Lebens, das gottlosem Altruismus oder Sozialismus geweiht ist.

Wenn altruistische Tätigkeiten im Geiste der *Īśopaniṣad* ausgeführt werden, werden sie zu einer Form von *karma-yoga*. Solche Tätigkeiten werden in der *Bhagavad-gītā* (18.5–9) empfohlen, denn sie gewährleisten dem Ausführenden Schutz vor der Gefahr, in den Evolutionskreislauf von Geburt und Tod zurückzusinken. Auch wenn solche Tätigkeiten mit Gott im Mittelpunkt nur halb vollendet werden, wirken sie sich immer noch gut aus, denn sie sichern dem Ausführenden für das nächste Leben einen menschlichen Körper. So bietet sich ihm eine weitere Gelegenheit, auf dem Pfad der Befreiung voranzuschreiten.

Wie man gottesbewusste Tätigkeiten ausführt, wird ausführlich von Śrīla Rūpa Gosvāmī in seinem *Bhakti-rasāmṛta-sindhu* erklärt. Wir haben dieses Buch ins Englische übertragen; es trägt den Titel *The Nectar of Devotion* (deutsch: *Der Nektar der Hingabe*). Wir empfehlen dieses wertvolle Buch allen, die daran interessiert sind, ihre Tätigkeiten im Sinne der *Śrī Īśopaniṣad* zu verrichten.

Drittes Mantra

असुर्या नाम ते लोका अन्धेन तमसावृताः ।
ताँस्ते प्रेत्याभिगच्छन्ति ये के चात्महनो जनाः ॥

asuryā nāma te lokā
andhena tamasāvṛtāḥ
tāṁs te pretyābhigacchanti
ye ke cātma-hano janāḥ

asuryāḥ – für die *asuras* bestimmt; *nāma* – bekannt unter dem Namen; *te* – jene; *lokāḥ* – Planeten; *andhena* – durch Unwissenheit; *tamasā* – durch Dunkelheit; *āvṛtāḥ* – bedeckt; *tān* – diese Planeten; *te* – sie; *pretya* – nach dem Tod; *abhigacchanti* – gelangen auf; *ye* – jeder beliebige; *ke* – jeder; *ca* – und; *ātma-hanaḥ* – die Mörder der Seele; *janāḥ* – Menschen.

Der Mörder der Seele, wer immer es sein mag, muss eingehen in die Planeten, die man als die Welten der Ungläubigen kennt und die erfüllt sind von Finsternis und Unwissenheit.

ERLÄUTERUNG: Das menschliche Leben unterscheidet sich vom tierischen durch die große Verantwortung, die es mit sich bringt. Diejenigen, die sich dieser Verantwortung bewusst sind und in diesem Geiste handeln, werden als *suras,* fromme Menschen, bezeichnet, und diejenigen, die sich dieser Verantwortung entziehen oder keine Kenntnis von ihr haben, heißen *asuras* (Dämonen). Diese beiden Arten von Menschen findet man überall im Universum. Im *Ṛg Veda* heißt es, dass die *suras* stets den Lotosfüßen des Höchsten Herrn, Viṣṇu, entgegenstreben und dementsprechend handeln. Ihre Wege sind so hell erleuchtet wie die Bahn der Sonne.

Intelligente Menschen sollten immer daran denken, dass sie ihre gegenwärtige Körperform nach vielen Millionen von Jahren der Evolution und nach einer langen Wanderung durch den Kreislauf der Geburten und Tode bekommen haben. Die materielle Welt wird zuweilen mit einem Meer verglichen und der menschliche Körper mit einem starken Boot, das besonders dazu gedacht ist, dieses Meer zu überqueren. Die vedischen Schriften und die *ācāryas* (heilige Lehrer) werden verglichen mit kundigen Bootsleuten und die Möglichkeiten, die der menschliche Körper bietet, mit günstigen Winden, die dem Boot helfen, leicht den gewünschten Bestimmungsort zu erreichen. Wenn jemand trotz all dieser Möglichkeiten sein Leben nicht voll nutzt, Selbsterkenntnis zu erlangen, muss er als *ātma-hā,* Mörder der Seele, betrachtet werden. Die *Śrī Īśopaniṣad* spricht hier die deutliche Warnung aus, dass es dem Mörder der Seele bestimmt ist, in den finstersten Bereich der Unwissenheit einzugehen und unaufhörlich zu leiden.

Die körperlichen Bedürfnisse der Schweine, Hunde, Kamele, Esel und anderer Tiere sind für sie ebenso wichtig wie die unseren für uns, doch können diese Tiere ihre wirtschaftlichen Probleme nur unter widerwärtigen, unangenehmen Bedingungen lösen. Durch die Gesetze der Natur sind dem Menschen alle Möglichkeiten zu einem angenehmen Leben gegeben, doch die menschliche Lebensform ist wichtiger und wertvoller als die tierische. Warum kann der Mensch ein besseres Leben führen als das Schwein und andere Tiere? Warum werden einem hoch gestellten Regierungsbeamten alle Möglichkeiten zu einem bequemen Leben geboten, dem gewöhnlichen Angestellten aber nicht? Die Antwort lautet, dass dem Regierungsbeamten höhere Pflichten obliegen. In ähnlicher Weise hat der Mensch höhere Pflichten zu erfüllen als die Tiere, die immer nur bestrebt sind, ihre hungrigen Mägen zu füllen. Nichtsdestoweniger hat die moderne, Seelen tötende Zivilisation die Probleme des hungrigen Magens nur noch vergrößert. Wenn wir eines der vornehmen Tiere, einen modernen zivilisierten Menschen, fragen, sagt er, dass er einfach nur arbeiten möchte, um seinen Magen zu befriedigen, und dass Selbsterkenntnis nicht nötig sei. Die Gesetze der Natur sind jedoch so grausam, dass ihm trotz seiner Ablehnung der Notwendigkeit der Selbstverwirklichung und trotz seines Eifers, für seinen Magen hart zu arbeiten, ständig Arbeitslosigkeit droht.

Die menschliche Lebensform wurde uns nicht gegeben, damit wir schuften und uns plagen wie die Esel, Schweine und Hunde, sondern damit wir die höchste Vollkommenheit des Lebens erreichen. Wenn wir uns um die Erkenntnis des Selbst nicht kümmern, zwingen uns die Naturgesetze zu schwerster Arbeit, auch wenn wir dies nicht wollen. Die Menschen im gegenwärtigen Zeitalter sind gezwungen, sich abzurackern wie Karren ziehende Esel und Ochsen. Einige der Bereiche, in die ein *asura* zur Arbeit verbannt wird, werden im vorliegenden Vers der *Śrī Īśopaniṣad* offenbart. Versäumt es ein Mensch, seine wesengemäßen Pflichten zu erfüllen, so ist er gezwungen, in die *asurya*-Planeten einzugehen, dort in niederen Lebensformen geboren zu werden und in Unwissenheit und Finsternis hart zu arbeiten.

In der *Bhagavad-gītā* (6.41–43) heißt es, dass jemand, der den Pfad der Selbstverwirklichung aufnimmt, jedoch trotz ernsthafter Bemühung, seine Beziehung zu Gott zu entwickeln, nicht das Ziel erreicht, die Möglichkeit bekommt, in der Familie eines *śuci* oder *śrīmat* geboren zu werden. Mit dem Wort *śuci* ist ein spirituell fortgeschrittener *brāhmaṇa* gemeint, und *śrīmat* bezeichnet einen *vaiśya,* einen Angehörigen des Kaufmannsstandes. Demjenigen, der es nicht schafft, Selbstverwirklichung zu erreichen, wird aufgrund seiner ernsthaften Bemühungen im nächsten Leben also eine bessere Möglichkeit geboten. Wenn selbst ein erfolgloser Kandidat die Gelegenheit bekommt, in einer angesehenen, vornehmen Familie geboren zu werden, kann man sich das Glück der erfolgreichen Transzendentalisten kaum vorstellen. Wenn jemand nur versucht, Gott zu erkennen, ist ihm die Geburt in einer wohlhabenden oder adligen Familie sicher. Wer jedoch nicht einmal einen Versuch unternimmt; wer in Täuschung leben möchte; wer zu materialistisch ist und zu sehr am materiellen Genuss hängt, muss in die finstersten Bereiche der Hölle eingehen, wie es in allen vedischen Schriften bestätigt wird. Solch materialistische *asuras* geben manchmal vor, religiös zu sein, doch ist ihr eigentliches Ziel materieller Wohlstand. Die *Bhagavad-gītā* (16.17–18) tadelt solche Menschen und nennt sie *ātma-sambhāvita,* denn ihre so genannte Größe beruht auf trügerischer, materieller Vollkommenheit, den Stimmen der Unwissenden und materiellem Reichtum. Solchen *asuras*, die bar jeder Selbsterkenntnis sind und nichts von *īśāvāsya* wissen, der Eigentümerschaft des Herrn, ist es bestimmt, in die finstersten Bereiche des Daseins einzugehen.

Die Schlussfolgerung lautet, dass unsere Aufgabe als Menschen sich nicht auf die Bemühung beschränkt, einen Eiertanz zur Lösung unserer wirtschaftlichen Probleme zu vollführen, sondern dass wir darüber hinaus die Probleme des materiellen Lebens lösen sollen, in dem wir uns aufgrund der Naturgesetze befinden.

Viertes Mantra

अनेजदेकं मनसो जवीयो
नैनद्देवा आप्नुवन् पूर्वमर्षत् ।
तद्धावतोऽन्यानत्येति तिष्ठत्
तस्मिन्नपो मातरिश्वा दधाति ॥

anejad ekaṁ manaso javīyo
nainad devā āpnuvan pūrvam arṣat
tad dhāvato 'nyān atyeti tiṣṭhat
tasminn apo mātariśvā dadhāti

anejat – fest; *ekam* – jemand; *manasaḥ* – als der Geist; *javīyah* – schneller; *na* – nicht; *enat* – dieser Höchste Herr; *devāh* – Halbgötter wie Indra; *āpnuvan* – können sich nähern; *pūrvam* – vor; *arṣat* – sich schnell bewegend; *tat* – Er; *dhāvataḥ* – diejenigen, die laufen; *anyān* – andere; *atyeti* – übertrifft; *tiṣṭhat* – an einem Ort bleibend; *tasmin* – in Ihm; *apaḥ* – Regen; *mātariśvā* – die Götter, die den Wind und den Regen beherrschen; *dadhāti* – versorgen mit.

Obgleich der Persönliche Gott stets in Seinem Reich weilt, ist Er schneller als der Wind, und niemand übertrifft Ihn beim Laufen. Die mächtigen Halbgötter können sich Ihm nicht einmal nähern.

Obwohl Er an einem Ort weilt, gebietet Er über diejenigen, die für Luft und Regen sorgen. Er überragt alle an Vortrefflichkeit.

ERLÄUTERUNG: Durch gedankliche Spekulation kann nicht einmal der größte Philosoph den Höchsten Herrn, den Absoluten Persönlichen Gott, erkennen. Nur Seine Geweihten können Ihn durch Seine Barmherzigkeit erkennen. In der *Brahma-saṁhitā* heißt es, dass ein nichtgottgeweihter Philosoph, der mit der Schnelligkeit des Geistes oder der Geschwindigkeit des Windes für Millionen von Jahren durch das Weltall reist, dem Absoluten immer noch sehr fern ist. In der *Brahma-saṁhitā* wird ferner beschrieben, dass der Absolute Persönliche Gott ein eigenes transzendentales Reich hat, genannt Goloka, wo Er ständig weilt und in Seine Spiele vertieft ist. Und doch durchwaltet Er durch Seine unfassbaren Kräfte gleichzeitig jeden Teil Seiner schöpferischen Energie. Im *Viṣṇu Purāṇa* werden Seine Kräfte mit der Wärme und dem Licht eines Feuers verglichen. Ein Feuer befindet sich an einer Stelle, aber es kann sein Licht und seine Wärme in alle Richtungen verbreiten; in ähnlicher Weise kann der Absolute Persönliche Gott, obgleich stets in Seinem transzendentalen Reich gegenwärtig, Seine mannigfaltigen Energien überallhin verbreiten.

Diese Energien sind unzählbar, doch grundsätzlich können sie dreifach gegliedert werden: in die innere Kraft, die marginale Kraft und die äußere Kraft. Jede dieser Kräfte kann hundertfach, ja millionenfach weiter unterteilt werden. Die Halbgötter, die bevollmächtigt sind, über Luft, Licht, Regen und andere natürliche Energien zu walten, gehören zur marginalen Kraft der Absoluten Person. Die gewöhnlichen Lebewesen – auch die Menschen – sind ebenfalls Erzeugnisse der marginalen Kraft des Herrn. Die materielle Welt ist eine Schöpfung Seiner äußeren Kraft, und der spirituelle Himmel, in dem sich das Reich Gottes befindet, ist eine Entfaltung Seiner inneren Kraft.

Die vielfältigen Energien des Höchsten Herrn sind somit überall wirksam. Obgleich zwischen dem Herrn und Seinen Energien kein Unterschied besteht, sollte man diese Energien nicht fälschlich für die Höchste Wahrheit halten. Auch sollte man nicht denken, die Allgegenwart des Höchsten Herrn sei unpersönlich zu verstehen oder Er habe Seine persönliche Existenz verloren. Die Menschen sind es gewohnt,

Schlussfolgerungen nur ihrem eigenen Begriffsvermögen gemäß zu ziehen. Aus diesem Grunde geben uns die Upaniṣaden deutlich zu verstehen, dass sich niemand dem Herrn durch seine begrenzte Kraft nähern kann.

In der *Bhagavad-gītā* (10.2) sagt der Herr, dass nicht einmal die großen *ṛṣis* und *suras* Ihn verstehen können – ganz zu schweigen also von den *asuras*, die keinerlei Zugang zum Verständnis der Wege des Herrn haben. Das vierte *mantra* der *Śrī Īśopaniṣad* gibt uns eindeutig zu verstehen, dass die Absolute Wahrheit letztlich die Absolute Person ist. Sonst wäre es nicht nötig gewesen, Seine persönlichen Wesenszüge so detailliert hervorzuheben.

Obgleich die individuellen integralen Teile des Herrn alle Merkmale des Herrn besitzen, sind ihre Tätigkeitsbereiche und damit auch sie selbst begrenzt. Die integralen Teile sind dem Ganzen niemals ebenbürtig, und daher können sie die volle Kraft des Herrn nicht richtig einschätzen. Unter dem Einfluss der materiellen Natur versuchen törichte, unwissende Lebewesen, die nur winzige Teilchen Gottes sind, über die transzendentale Stellung des Herrn Vermutungen anzustellen. Die *Śrī Īśopaniṣad* weist darauf hin, dass es vergeblich ist, das Wesen des Herrn durch gedankliche Spekulation ergründen zu wollen. Man soll versuchen, über die Transzendenz vom Herrn selbst, der ursprünglichen Quelle der Veden, zu lernen, denn der Herr allein besitzt vollkommenes Wissen von der Transzendenz.

Jeder integrale Teil des Vollkommenen Ganzen ist mit einem bestimmten Maß an Energie ausgestattet, um nach dem Willen des Herrn tätig sein zu können. Wenn ein solcher Teil, ein Lebewesen, vergisst, welche Tätigkeiten es nach dem Willen des Herrn ausführen soll, nennt man dies *māyā,* Täuschung. Die *Śrī Īśopaniṣad* ermahnt uns also von Anfang an, darauf bedacht zu sein, die vom Herrn für uns vorgesehene Rolle zu spielen. Dies bedeutet jedoch nicht, dass die individuelle Seele keine eigene Entscheidungsfähigkeit besitzt. Als integraler Teil Gottes muss sie auch an der Entscheidungsfähigkeit des Herrn teilhaben. Wenn sie ihre Willenskraft, ihre aktive Natur, mit Intelligenz benutzt und so versteht, dass alles die Energie des Herrn ist, kann sie ihr ursprüngliches Bewusstsein wiederbeleben, das durch die Gemeinschaft mit *māyā,* der äußeren Energie, verloren gegangen ist.

Alle Macht bekommt man vom Herrn; jede Form von Macht muss also einzig und allein dazu gebraucht werden, den Willen des Herrn auszuführen. Der Herr kann von demjenigen erkannt werden, der eine solche ergebene Haltung des Dienens einnimmt. Vollkommenes Wissen bedeutet, den Herrn in all Seinen Aspekten zu kennen, von Seinen Kräften zu wissen und zu wissen, wie diese Kräfte nach Seinem Willen wirken. Diese Dinge werden vom Herrn in der *Bhagavad-gītā*, der Essenz aller Upaniṣaden, im Einzelnen erklärt.

Fünftes Mantra

तदेजति तन्नैजति तद् दूरे तद्वन्तिके ।
तदन्तरस्य सर्वस्य तदु सर्वस्यास्य बाह्यतः ॥

tad ejati tan naijati
tad dūre tad v antike
tad antar asya sarvasya
tad u sarvasyāsya bāhyataḥ

tat – dieser Höchste Herr; *ejati* – geht; *tat* – Er; *na* – nicht; *ejati* – geht; *tat* – Er; *dūre* – weit entfernt; *tat* – Er; *u* – auch; *antike* – sehr nah; *tat* – Er; *antaḥ* – innerhalb; *asya* – von diesem; *sarvasya* – von allem; *tat* – Er; *u* – auch; *sarvasya* – von allem; *asya* – von diesem; *bāhyataḥ* – außerhalb von.

Der Höchste Herr geht, und doch geht Er nicht. Er ist weit entfernt, und doch ist Er ganz nah. Er befindet sich in allen Dingen, und doch weilt Er auch außerhalb aller Dinge.

ERLÄUTERUNG: Hier wird erklärt, wie der Höchste Herr durch Seine unfassbaren Kräfte auf transzendentale Weise tätig ist. Durch Widersprüche wird das unbegreifliche Wesen Seiner Kräfte verdeutlicht: Er geht, und doch geht Er nicht. Wenn jemand gehen kann, ist es normalerweise widersinnig zu sagen, dass er nicht gehen kann. In Beziehung zu Gott jedoch dient ein solches Paradox dazu, auf Seine unvorstellbare Macht hinzudeuten. Mit derartigen Widersprüchen ist unser logisches Verständnis überfordert, und deshalb betrachten wir den Herrn mit unserem beschränkten Begriffsvermögen. Zum Beispiel erkennen die Anhänger der Māyāvāda-Schule nur das unpersönliche Wirken des Herrn an und bestreiten Sein persönliches Dasein. Die Anhänger der *Bhāgavata*-Schule hingegen, die die vollkommene Auffassung vom Herrn vertreten, erkennen Seine unfassbaren Energien an und verstehen daher, dass Er sowohl persönlich als auch unpersönlich ist. Die *bhāgavatas* wissen, dass der Begriff „Höchster Herr" ohne den Aspekt unfassbarer Energien keine Bedeutung hat.

Wir sollten es nicht als erwiesen betrachten, dass der Herr kein persönliches Dasein hat, nur weil wir Ihn nicht mit unseren Augen wahrnehmen können. Die *Śrī Īśopaniṣad* widerspricht dieser Vorstellung, indem sie darauf hinweist, dass der Herr weit entfernt, doch auch sehr nah ist. Das Reich des Herrn liegt jenseits des materiellen Himmels, und wir sind nicht einmal in der Lage, den materiellen Himmel zu ermessen. Wenn schon der materielle Himmel sich so weit erstreckt, wie fern muss dann erst der spirituelle Himmel sein, der noch jenseits des materiellen Himmels liegt? Dass der spirituelle Himmel weit entfernt von der materiellen Welt liegt, wird auch in der *Bhagavad-gītā* (15.6) bestätigt. Doch obwohl der Herr so fern von uns weilt, kann Er augenblicklich, in weniger als einer Sekunde, vor uns erscheinen, mit einer Geschwindigkeit, die gewaltiger ist als die des Geistes oder der Luft. Auch kann Er sich so schnell fortbewegen wie kein Zweiter. Dies wurde bereits im vorangegangenen Vers beschrieben.

Doch wenn der Herr persönlich vor uns erscheint, missachten wir Ihn. Solche törichte Missachtung wird vom Herrn in der *Bhagavad-gītā* (9.11) missbilligt, wo Er sagt, dass verblendete Menschen Ihn verspotten, weil sie Ihn für einen gewöhnlichen Sterblichen halten. Er ist aber weder ein sterbliches Wesen noch erscheint Er vor uns in einem Körper, der von der materiellen Natur hervorgebracht wurde. Viele so genannte Gelehrte behaupten, der Herr erscheine auf Erden wie ein gewöhnliches Lebewesen in einem Körper aus Materie. Solche Narren wissen nichts von Seiner unfassbaren Macht und stellen Ihn mit den gewöhnlichen Menschen auf eine Stufe.

Da Gott von unvorstellbaren Energien erfüllt ist, kann Er unseren Dienst durch jedes Medium entgegennehmen, und Er kann auch Seine mannigfaltigen Energien nach Belieben umwandeln. Ungläubige wenden ein, der Herr könne sich nicht verkörpern, oder wenn überhaupt, dann erscheine Er in einer Form aus materieller Energie. Dieser Einwand wird nichtig, wenn wir Seine unvorstellbaren Energien als Realität anerkennen. Selbst wenn Er vor uns in einer Form aus materieller Energie erscheint, ist es Ihm ohne weiteres möglich, die materielle Energie in spirituelle Energie umzuwandeln. Da die Quelle der Energien ein und dieselbe ist, können die Energien ganz nach dem Willen ihrer Quelle gebraucht werden. Zum Beispiel erscheint der Herr als *arcā-vigraha*, das heißt in Form von Bildgestalten, die augenscheinlich aus Metall, Stein, Holz oder anderen Stoffen gefertigt sind. Dennoch handelt es sich dabei nicht um Götzenbilder, wie Bilderstürmer behaupten.

In unserem gegenwärtigen Zustand des unvollkommenen materiellen Daseins können wir den Höchsten Herrn nicht sehen, weil unsere Augen unvollkommen sind. Nichtsdestoweniger ist der Herr Seinen Geweihten, die Ihn mit ihren materiellen Augen sehen möchten, so gnädig, dass Er in einer so genannten materiellen Form erscheint, um ihren Dienst entgegenzunehmen. Man sollte nicht denken, dass solche Gottgeweihten, die auf der untersten Stufe des hingebungsvollen Dienstes stehen, ein Götzenbild anbeten. Sie verehren tatsächlich den Herrn, der sich bereit erklärt hat, in einer ihnen zugänglichen Form zu erscheinen. Die *arcā*-Form wird nicht nach den Launen des Verehrenden angefertigt, sondern existiert ewiglich mit allen Paraphernalien. Ein aufrichtiger Gottgeweihter vermag dies tatsächlich wahrzunehmen, nicht jedoch ein Atheist.

In der *Bhagavad-gītā* (4.11) sagt der Herr, dass Er Seinen Geweihten je nach dessen Ergebenheit belohnt. Er behält sich das Recht vor, sich nicht jedermann zu offenbaren, sondern nur denen, die sich Ihm ergeben. Für die ergebene Seele ist Er daher stets in Reichweite, doch für nicht ergebene Seelen ist Er sehr weit entfernt und unerreichbar.

In den offenbarten Schriften findet man zwei Begriffe, die oft in Verbindung mit Gott gebraucht werden und die in diesem Zusammenhang von Bedeutung sind: *saguṇa* (mit Eigenschaften) und *nirguṇa* (ohne Eigenschaften). Wenn der Herr als *saguṇa* bezeichnet wird, bedeutet dies nicht, dass Er bei Seinem sichtbaren Erscheinen in dieser Welt gezwungen ist, eine materielle Form anzunehmen, und dass Er den Gesetzen der materiellen Natur unterliegt. Für Ihn besteht kein Unterschied zwischen materieller und spiritueller Energie, weil Er der Ursprung dieser Energien ist. Er beherrscht diese Energien, und daher ist es nicht möglich, dass Er, wie wir, jemals unter ihrem Einfluss steht. Die materielle Energie wirkt unter Seiner Führung, und so kann Er diese Energie für Seine Zwecke verwenden, ohne je von ihren Eigenschaften beeinflusst zu werden. (In diesem Sinne ist Er *nirguṇa,* „ohne Eigenschaften".) Auch wird der Herr niemals ein formloses Wesen, denn letztlich ist Er die ewige Gestalt, der uranfängliche Herr. Sein unpersönlicher Aspekt, der Brahman-Glanz, ist nichts weiter als das Leuchten der Strahlen, die von Seiner Person ausgehen, ebenso wie die Sonnenstrahlen das Leuchten des Sonnengottes sind.

Als der heilige Knabe Prahlāda Mahārāja von seinem gottlosen Vater gefragt wurde: „Wo ist dein Gott?", antwortete Prahlāda, Gott sei allgegenwärtig. Zornentbrannt fragte ihn darauf sein Vater, ob Gott auch in einer bestimmten Palastsäule weile, was Prahlāda bejahte. Da zerschmetterte der gottlose König jene Säule, und im gleichen Augenblick erschien der Herr als Nṛsiṁha, in der Gestalt eines Menschlöwen, aus dem Säuleninnern und tötete den atheistischen König. Der Herr befindet sich also in allen Dingen, und Er erschafft alles durch Seine verschiedenen Energien. Durch Seine unbegreifliche Macht kann Er an jedem beliebigen Ort erscheinen, um Seinem aufrichtigen Geweihten Gnade zu erweisen. Der Herr als Nṛsiṁha erschien aus dem Säuleninnern nicht auf Befehl des gottlosen Königs, sondern auf Wunsch Seines Geweihten Prahlāda. Ein Atheist kann dem Herrn nicht befehlen zu erscheinen, doch um Seinem Geweihten Barmherzigkeit zu erweisen, kann Er überall und zu jeder Zeit erscheinen. In der *Bhagavad-gītā* (4.8) bestätigt der Herr, dass Er erscheint, um die Ungläubigen zu vernichten und die Gläubigen zu beschützen. Natürlich verfügt der Herr über genügend Energien und Bevollmächtigte, durch die Er die Atheisten vernichten könnte, doch bereitet es Ihm Freude, einem Gottgeweihten Seine persönliche Gunst zu erweisen. Deshalb erscheint Er als Inkarnation. Er kommt eigentlich nur, um Seinen Geweihten Gnade zu erweisen, und aus keinem anderen Grund.

In der *Brahma-saṁhitā* heißt es, dass Govinda, der uranfängliche Herr, durch eine Seiner vollständigen Teilerweiterungen in alles eingeht. Er geht sowohl in das Universum als auch in alle Atome des Universums ein. Seine äußerliche Gestalt ist Seine *virāṭ*-Form, und als *antaryāmī* weilt Er in allen Dingen. Als *antaryāmī* ist Er der Zeuge aller Geschehnisse und lässt uns die Ergebnisse unserer Handlungen in Form von *karma-phala* zukommen. Wir selbst mögen vergessen, was wir in früheren Leben getan haben, doch weil der Herr als Zeuge unsere Handlungen beobachtet, fallen uns deren Ergebnisse immer zu, und wir müssen die Reaktionen in jedem Fall auf uns nehmen.

Es ist eine Tatsache, dass es innerhalb wie auch außerhalb aller Dinge nichts außer Gott gibt. Alles ist eine Entfaltung Seiner verschiedenen Energien, die mit der Wärme und dem Licht des Feuers vergleichbar sind. Ebenso wie die Energien des Feuers, Wärme und Licht, von ihrem Ursprung nicht verschieden und daher auch miteinander eins sind, so besteht kein Unterschied zwischen Gott und Seinen mannigfaltigen Energien, und folglich sind diese Energien ebenfalls miteinander eins. Trotz dieser Einheit erfreut sich der Herr in Seiner persönlichen Gestalt in unbegrenztem Maße all der Dinge, die den Sinnen Seiner winzigen integralen Teile, der Lebewesen, in winzigem Maße Freude bereiten.

Sechstes Mantra

यस्तु सर्वाणि भूतान्यात्मन्येवानुपश्यति ।
सर्वभूतेषु चात्मानं ततो न विजुगुप्सते ॥

yas tu sarvāṇi bhūtāny
ātmany evānupaśyati
sarva-bhūteṣu cātmānaṁ
tato na vijugupsate

yaḥ – jemand, der; *tu* – aber; *sarvāṇi* – alle; *bhūtāni* – Lebewesen; *ātmani* – in Beziehung zum Höchsten Herrn; *eva* – nur; *anupaśyati* – beobachtet auf systematische Weise; *sarva-bhūteṣu* – in jedem Lebewesen; *ca* – und; *ātmānam* – die Überseele; *tataḥ* – danach; *na* – nicht; *vijugupsate* – hasst.

Wer systematisch alles in Beziehung zum Höchsten Herrn sieht, wer alle Lebewesen als Seine integralen Teile und den Höchsten Herrn in allen Dingen erkennt, verabscheut nichts und hasst kein Lebewesen.

ERLÄUTERUNG: Dies ist eine Beschreibung des *mahā-bhāgavata,* der großen Persönlichkeit, die alles in Beziehung zum Höchsten Persönlichen Gott sieht. Die Gegenwart des Höchsten Herrn wird auf drei Stufen erkannt. Der *kaniṣṭha-adhikārī* steht auf der untersten Stufe der

Erkenntnis. Je nach seinem Glauben besucht er eine Stätte der Verehrung, wie zum Beispiel einen Tempel, eine Kirche oder eine Moschee, und verehrt dort den Herrn, wie es seine heiligen Schriften vorschreiben. Ein solcher Gottgeweihter glaubt, der Herr sei nur am Ort der Verehrung gegenwärtig, nirgendwo sonst. Er vermag weder zu beurteilen, welche Stufe im hingebungsvollen Dienst jemand erreicht hat, noch wer den Höchsten Herrn bereits erkannt hat. Solche Gottgeweihten halten sich an ihre täglichen Verehrungsriten und streiten sich manchmal, weil jemand eine Art der Verehrung für besser hält als eine andere. Diese *kaniṣṭha-adhikārīs* sind im Grunde materialistische Gottgeweihte, die noch versuchen, die materielle Grenze zu überschreiten und die spirituelle Ebene zu erreichen.

Auf der zweiten Stufe der Gotteserkenntnis stehen die *madhyama-adhikārīs*, die zwischen vier Arten von Wesen unterscheiden: 1) dem Höchsten Herrn, 2) den Geweihten des Herrn, 3) unschuldigen Menschen, die den Herrn nicht kennen, und 4) Atheisten, die nicht an den Herrn glauben und die Gottgeweihten hassen. Der *madhyama-adhikārī* verhält sich diesen vier Arten von Personen gegenüber unterschiedlich. Er verehrt den Herrn und betrachtet Ihn als das Ziel seiner Liebe, und er schließt Freundschaft mit den Gottgeweihten. Er versucht, in den Herzen der Unschuldigen die schlummernde Gottesliebe zu erwecken, doch er meidet die Atheisten, die schon den bloßen Namen des Herrn verhöhnen.

Über dem *madhyama-adhikārī* steht der *uttama-adhikārī*, der alles in Beziehung zum Höchsten Herrn sieht. Ein solcher Gottgeweihter unterscheidet nicht zwischen einem Atheisten und einem Theisten, sondern betrachtet jeden als einen integralen Teil Gottes. Er weiß, dass zwischen einem hoch gelehrten *brāhmaṇa* und einem Straßenhund kein Unterschied besteht, da beide Teile Gottes sind, wenngleich sie aufgrund verschiedener Tätigkeiten im letzten Leben nun in unterschiedlichen Körpern gefangen sind. Der als *brāhmaṇa* lebende Teil des Höchsten Herrn hat seine von Gott gegebene Unabhängigkeit nicht missbraucht, wohingegen der als Hund lebende Teil seine Unabhängigkeit missbraucht hat und daher von den Gesetzen der Natur damit bestraft wurde, in den unwissenden Körper eines Hundes eingeschlossen zu sein. Ohne die Aktivitäten des *brāhmaṇa* bzw. des Hundes in Betracht zu ziehen, versucht der *uttama-adhikārī*, beiden Gutes zu tun. Ein solch gelehrter Gottgeweihter lässt sich durch den materiellen Körper des *brāhmaṇa* und des Hundes nicht täuschen. Er fühlt sich nur zu den spirituellen Funken in diesen Geschöpfen hingezogen.

Menschen, die einen *uttama-adhikārī* nachahmen und eine Sicht der Einheit oder einen Geist universaler Brüderlichkeit zur Schau tragen, aber auf der körperlichen Ebene handeln, sind falsche Philanthropen. Universale Brüderlichkeit muss von einem *uttama-adhikārī* gelehrt werden und nicht von einem törichten Menschen, der kein rechtes Verständnis besitzt von der individuellen Seele und der Überseele, die überall gegenwärtig ist.

In diesem *mantra* der *Śrī Īśopaniṣad* wird deutlich gesagt, dass man beobachten („systematisch sehen") sollte. Dies bedeutet, dass man den vorangegangenen *ācāryas*, den vollkommenen Lehrern, folgen muss. *Anupaśyati* lautet das in diesem Zusammenhang gebrauchte Sanskritwort. *Anu* bedeutet „folgen", und *paśyati* bedeutet „beobachten". Das Wort *anupaśyati* bedeutet also, dass man die Dinge nicht so sehen sollte, wie man sie mit dem bloßen Auge wahrnimmt, sondern dass man den vorangegangenen *ācāryas* folgen sollte. Das bloße Auge vermag aufgrund seiner materiellen Unzulänglichkeit nichts im richtigen Licht zu sehen. Man kann erst dann richtig sehen, wenn man aus einer höheren Quelle gehört hat, und die höchste Quelle ist die vom Herrn persönlich verkündete vedische Weisheit. Das vedische Wissen kommt durch die Schülernachfolge zu uns herab: vom Herrn zu Brahmā, von Brahmā zu Nārada, von Nārada zu Vyāsa und von Vyāsa zu dessen zahlreichen Schülern. In früherer Zeit war es nicht nötig, die Botschaft der Veden aufzuzeichnen, weil die Menschen intelligenter waren und ein ausgeprägteres Erinnerungsvermögen besaßen. Sie konnten Unterweisungen befolgen, nachdem sie diese nur einmal aus dem Mund eines echten spirituellen Meisters vernommen hatten.

Es gibt heute viele Kommentare zu den offenbarten Schriften, doch die meisten richten sich nicht nach den Grundsätzen Śrīla Vyāsadevas, der als Erster die vedische Weisheit schriftlich niederlegte. Das vollkommenste und erhabenste Werk Śrīla Vyāsadevas ist das *Śrīmad-Bhāgavatam*, der natürliche Kommentar zum *Vedānta-sūtra*. Darüber hinaus gibt es noch die *Bhagavad-gītā*, die vom Herrn selbst gesprochen und von Vyāsadeva aufgezeichnet wurde. Dies sind die wichtigsten der zahlreichen offenbarten Schriften, und jeder Kommentar, der nicht mit den Grundsätzen der *Gītā* oder des *Śrīmad-Bhāgavatam* übereinstimmt, ist unautorisiert. Die Upaniṣaden, das *Vedānta-sūtra,* die Veden, die *Bhagavad-gītā* und das *Śrīmad-Bhāgavatam* stehen in völligem Einklang miteinander. Niemand sollte daher versuchen, Schlüsse in Bezug auf die Veden zu ziehen, ohne Unterweisungen empfangen zu haben von Lehrern der Schülernachfolge Vyāsadevas, die an den Persönlichen Gott und Seine mannigfaltigen Energien glauben, so wie sie in der *Śrī Īśopaniṣad* dargelegt werden.

Nach den Worten der *Bhagavad-gītā* (18.54) kann nur jemand, der sich bereits auf der Stufe der Befreiung *(brahma-bhūta)* befindet, ein *uttama-adhikārī*-Gottgeweihter werden und in jedem Lebewesen seinen Bruder sehen. Politiker, die nur nach materiellem Gewinn streben, können diese Sicht nicht haben. Wer die Merkmale eines *uttama-adhikārī* nachahmt, mag dem Körper eines anderen dienen, um dafür Ruhm oder anderen materiellen Lohn zu ernten, doch der spirituellen Seele dient er damit nicht. Ein solcher Nachahmer kann keine Kenntnis von der spirituellen Welt haben. Der *uttama-adhikārī* sieht die spirituelle Seele im materiellen Körper und dient der Seele. Damit ist dem materiellen Aspekt automatisch auch gedient.

Siebtes Mantra

यस्मिन् सर्वाणि भूतान्यात्मैवाभूद्विजानतः ।
तत्र को मोहः कः शोक एकत्वमनुपश्यतः ॥

yasmin sarvāṇi bhūtāny
ātmaivābhūd vijānataḥ
tatra ko mohaḥ kaḥ śoka
ekatvam anupaśyataḥ

yasmin – im Zustand; *sarvāṇi* – alle; *bhūtāni* – Lebewesen; *ātmā* – der *cit-kaṇa,* der spirituelle Funke; *eva* – nur; *abhūt* – existiert als; *vijānataḥ* – von jemandem, der weiß; *tatra* – darin; *kaḥ* – was; *mohaḥ* – Täuschung; *kaḥ* – was; *śokaḥ* – Angst; *ekatvam* – der Eigenschaft nach eins; *anupaśyataḥ* – von jemandem, der durch eine Autorität sieht, oder von jemandem, der stets auf diese Weise sieht.

Wer stets alle Lebewesen als spirituelle Funken sieht, der Eigenschaft nach eins mit dem Herrn, wird ein wahrer Kenner der Dinge. Was kann ihn dann noch täuschen oder beängstigen?

ERLÄUTERUNG: Außer dem *madhyama-adhikārī* und dem *uttama-adhikārī*, von denen zuvor gesprochen wurde, kann niemand die spirituelle Entwicklungsstufe eines Lebewesens richtig beurteilen. Die Lebewesen sind der Eigenschaft nach eins mit dem Höchsten Herrn, ebenso wie die Funken eines Feuers der Eigenschaft nach eins sind mit dem Feuer. Quantitativ besteht jedoch ein Unterschied zwischen den Funken und dem Feuer, denn die Wärme- und Lichtmenge der Funken gleicht nicht der des Feuers. Der *mahā-bhāgavata,* der große Gottgeweihte, sieht Einheit in dem Sinne, dass er alles als die Energie des Höchsten Herrn sieht. Da es zwischen der Energie und dem Energieursprung keinen Unterschied gibt, besteht in diesem Sinne eine Einheit. Analytisch betrachtet, sind Wärme und Licht zwar verschieden vom Feuer, doch ohne Wärme und Licht hat das Wort „Feuer" keine Bedeutung. In der Synthese sind also Wärme, Licht und Feuer das Gleiche.

Die Sanskritworte *ekatvam anupaśyataḥ* deuten an, dass man die Einheit aller Lebewesen aus der Sicht der offenbarten Schriften sehen soll. Die individuellen Funken des Höchsten Ganzen, d. h. des Herrn, besitzen knapp achtzig Prozent der bekannten Eigenschaften des Ganzen, doch quantitativ kommen sie dem Höchsten Herrn nicht gleich. Diese Eigenschaften sind nur in winziger Menge in ihnen vorhanden, denn die Lebewesen sind nur winzige Teile des Höchsten Ganzen. Es verhält sich so wie mit dem Tropfen Wasser und dem Meer: Die Salzmenge im Tropfen lässt sich niemals mit der Salzmenge im gesamten Meer vergleichen, doch ist das Salz im Tropfen der chemischen Zusammensetzung nach genau gleich wie alles Salz im Meer. Wäre das individuelle Lebewesen dem Höchsten Herrn sowohl qualitativ als auch quantitativ gleich, könnte keine Rede davon sein, dass es unter den Einfluss der materiellen Energie gerät. In den vorangegangenen *mantras* wurde bereits besprochen, dass kein Lebewesen – nicht einmal die mächtigen Halbgötter – das Höchste Wesen in irgendeiner Hinsicht übertreffen kann. *Ekatvam* (der Eigenschaft nach eins) bedeutet daher nicht, dass das Lebewesen dem Höchsten Herrn in jeder Beziehung gleich gestellt ist. Es bedeutet vielmehr, dass es ein gemeinsames Interesse gibt, ebenso wie in einer Familie das Interesse aller Angehörigen eins ist oder wie in einer Nation, trotz so vieler verschiedener individueller Bürger, das nationale Interesse eins ist. Die Lebewesen sind winzige Teile der gleichen höchsten Familie, und daher besteht kein Unterschied zwischen dem Interesse des Höchsten Wesens und dem der winzigen Teile. Jedes Lebewesen ist ein Sohn des Höchsten Wesens. Wie es in der *Bhagavad-gītā* (7.5) heißt, gehen alle Geschöpfe im

Universum – auch die Vögel, Kriechtiere, Ameisen, Wasserwesen und Bäume – von der marginalen Kraft des Höchsten Herrn aus. Sie gehören daher alle zu der einen Familie des Höchsten Wesens, und ihre Interessen stehen in keinem Widerspruch zueinander.

Laut *Vedānta-sūtra* (1.1.12) ist es das Wesen der spirituellen Seele zu genießen: *ānandamayo 'bhyāsāt.* Allen Lebewesen – sowohl dem Höchsten Herrn als auch Seinen integralen Teilen – ist es von Natur aus bestimmt, ewige Freude zu erfahren. Auch die in einem materiellen Körper gefangenen Lebewesen suchen ständig nach Genuss, doch suchen sie den Genuss auf der falschen Ebene. Jenseits der materiellen Ebene gibt es die spirituelle Ebene, wo sich das Höchste Wesen mit Seinen zahllosen Gefährten transzendentaler Glückseligkeit erfreut. Da es auf dieser Ebene keine Spur materieller Eigenschaften gibt, nennt man sie *nirguṇa* (ohne materielle Eigenschaften). Auf der *nirguṇa*-Ebene gibt es keinen Streit um das Objekt der Freude, wohingegen hier in der materiellen Welt zwischen den verschiedenen individuellen Wesen ständig Streit herrscht, weil das Zentrum der Freude nicht begriffen wird. Das wahre Zentrum der Freude ist der Höchste Herr, das Zentrum des erhabenen spirituellen *rāsa*-Tanzes. Wir alle sind dafür bestimmt, uns Ihm anzuschließen und mit nur einem transzendentalen Interesse und ohne jeden Streit uns des Lebens zu erfreuen. Das ist die höchste Ebene des spirituellen Interesses, und sowie man diese vollkommene Form des Einsseins erkennt, kann von Täuschung *(moha)* oder Klagen *(śoka)* keine Rede mehr sein.

Eine gottlose Zivilisation beruht auf Illusion, und die Folge einer solchen Zivilisation ist Klagen. Eine gottlose Zivilisation, wie sie zum Beispiel von den heutigen Politikern gefördert wird, ist von ständiger Angst bestimmt, denn sie kann jeden Augenblick zusammenbrechen. Das ist das Gesetz der Natur. Wie es in der *Bhagavad-gītā* (7.14) heißt, vermag niemand die strengen Gesetze der Natur zu überwinden, außer denen, die sich den Lotosfüßen des Höchsten Herrn ergeben. Wenn wir daher von aller Illusion und aller Angst frei werden und alle unterschiedlichen Interessen vereinen möchten, müssen wir bei allem, was wir tun, Gott mit einbeziehen.

Mit den Ergebnissen unseres Tuns müssen wir einzig und allein dem Interesse des Herrn dienen, denn nur wenn wir dem Interesse des Herrn dienen, können wir das hier erwähnte *ātma-bhūta*-Interesse wahrnehmen. Das in diesem *mantra* erwähnte *ātma-bhūta*-Interesse und das in der *Bhagavad-gītā* (18.54) erwähnte *brahma-bhūta*-Interesse sind ein und dasselbe. Der höchste *ātmā,* die höchste Seele, ist der Herr selbst, und der winzige *ātmā* ist das Lebewesen. Der höchste *ātmā,* der Paramātmā, erhält allein all die winzigen individuellen Lebewesen, denn der Höchste Herr möchte sich ihrer Zuneigung erfreuen. Der Vater erweitert sich durch seine Kinder und sorgt für sie, damit sie ihm Freude bereiten. Wenn die Kinder dem Vater gehorsam sind, lebt die Familie in Frieden; alle dienen nur einem Interesse, und es herrscht eine angenehme Atmosphäre. Das Gleiche findet man in transzendentaler Form in der absoluten Familie des Parabrahman, der höchsten spirituellen Wesenheit.

Das Parabrahman ist ebenso eine Person, wie die individuellen Lebewesen Personen sind. Weder der Herr noch die Lebewesen sind unpersönlich. Diese transzendentalen Personen sind von transzendentaler Glückseligkeit, vollkommenem Wissen und ewigem Leben erfüllt. Das ist die wahre Natur des spirituellen Daseins, und sobald jemand sich dieser transzendentalen Natur voll bewusst ist, ergibt er sich den Lotosfüßen des Höchsten Wesens, Śrī Kṛṣṇas. Ein solcher *mahātmā,* eine solche große Seele, ist jedoch sehr selten, denn diese transzendentale Erkenntnis erreicht man nur nach vielen, vielen Geburten. Hat man aber einmal solche Erkenntnis gewonnen, ist man frei von aller Illusion und allem Klagen sowie den anderen Leiden des materiellen Daseins wie Geburt und Tod, die wir alle im gegenwärtigen Lebenszustand erfahren. So lautet die Botschaft dieses *mantra* der *Śrī Īśopaniṣad.*

Achtes Mantra

स पर्यगाच्छुक्रमकायमव्रण-
मस्नाविरँ शुद्धमपापविद्धम् ।
कविर्मनीषी परिभूः स्वयम्भू-
र्याथातथ्यतोऽर्थान् व्यदधाच्छाश्वतीभ्यः समाभ्यः ॥

sa paryagāc chukram akāyam avraṇam
asnāviraṁ śuddham apāpa-viddham
kavir manīṣī paribhūḥ svayambhūr
yāthātathyato 'rthān vyadadhāc chāśvatībhyaḥ samābhyaḥ

saḥ – ein solcher Mensch; *paryagāt* – muss wahrhaft kennen; *śukram* – den Allmächtigen; *akāyam* – unverkörpert; *avraṇam* – unfehlbar; *asnāviram* – ohne Venen; *śuddham* – antiseptisch (rein); *apāpa-viddham* – prophylaktisch; *kaviḥ* – allwissend; *manīṣī* – Philosoph; *paribhūḥ* – der Größte von allen; *svayambhūḥ* – unabhängig; *yāthātathyataḥ* – in der Ausführung von; *arthān* – Wünsche; *vyadadhāt* – gewährt; *śāśvatībhyaḥ* – seit unvordenklicher; *samābhyaḥ* – Zeit.

Ein solcher Mensch muss den Allerhabenen, den Persönlichen Gott, wahrhaft kennen, der unverkörpert, allwissend, unfehlbar, ohne

Venen, rein und unbefleckt ist, den unabhängigen Philosophen, der seit unvordenklicher Zeit die Wünsche eines jeden erfüllt.

ERLÄUTERUNG: Dies ist eine Beschreibung der transzendentalen, ewigen Gestalt des Absoluten Persönlichen Gottes. Der Höchste Herr ist nicht formlos. Er hat eine transzendentale Gestalt, die nicht im Geringsten den Körpern der materiellen Welt gleicht. Die Lebewesen in der materiellen Welt sind durch die materielle Natur in Formen verkörpert, die materiellen Maschinen gleichen. Die Anatomie eines materiellen Körpers muss mechanisch aufgebaut sein, mit Venen und so fort, doch im transzendentalen Körper des Herrn gibt es nicht so etwas wie Venen. Es heißt hier unmissverständlich, dass Er nicht verkörpert ist, was bedeutet, dass zwischen Seinem Körper und Seiner Seele kein Unterschied besteht. Auch ist Er nicht gezwungen, durch das Gesetz der materiellen Natur einen Körper anzunehmen wie wir. Im materiellen Dasein ist die Seele von der grobstofflichen Umhüllung und dem feinstofflichen Geist verschieden. Für den Höchsten Herrn jedoch besteht kein solcher Unterschied zwischen Ihm und Seinem Körper und Geist. Er ist das Vollkommene Ganze, und Sein Geist, Sein Körper und Er selbst sind alle ein und dasselbe.

In der *Brahma-saṁhitā* findet man eine ähnliche Beschreibung des Körpers des Höchsten Herrn. Der Herr wird dort als *sac-cid-ānanda-vigraha* bezeichnet, als die ewige Gestalt voll des transzendentalen Daseins, voller Wissen und voller spiritueller Glückseligkeit. Deshalb benötigt Er keinen separaten Körper und Geist wie wir in der materiellen Welt. In den vedischen Schriften heißt es eindeutig, dass Sein transzendentaler Körper völlig anders ist als unser Körper; folglich wird Er bisweilen als „formlos" bezeichnet. Dies bedeutet, dass Seine Form nicht der unseren gleicht und dass Er keine Form hat, die wir uns vorstellen können. In der *Brahma-saṁhitā* heißt es weiter, dass der Herr mit jedem Teil Seines Körpers die Tätigkeit eines beliebigen anderen Körperteils verrichten kann. Dies bedeutet, dass der Herr mit den Händen gehen, mit den Beinen etwas annehmen, mit den Händen und Füßen sehen und mit den Augen essen kann, usw. In den *śruti-mantras* heißt es, dass Er keine Hände und Beine hat wie wir, sondern Hände und Beine anderer Art, mit denen Er all unsere Opfergaben annehmen kann und schneller zu laufen vermag als irgendjemand sonst. Dies wird im vorliegenden *mantra* durch den Gebrauch von Wörtern wie *śukram* (allmächtig) bestätigt.

Auch die *arcā-vigraha*-Form des Herrn, die von autorisierten *ācāryas*, die den Herrn im Sinne des siebten *mantra* erkannt haben, in Tempeln zur Verehrung aufgestellt wird, ist von der ursprünglichen Gestalt des Herrn nicht verschieden. Die ursprüngliche Gestalt des Herrn ist die Śrī Kṛṣṇas, und Śrī Kṛṣṇa erweitert sich in unzählige Formen wie Baladeva, Rāma, Nṛsiṁha und Varāha. All diese Formen sind ein und derselbe Persönliche Gott.

Auch die im Tempel verehrte *arcā-vigraha*-Form ist eine erweiterte Form des Herrn. Durch die Verehrung des *arcā-vigraha* kann man sich sogleich dem Herrn nähern, der den Dienst des Gottgeweihten durch Seine allmächtige Energie entgegennimmt. Das *arcā-vigraha* des Herrn steigt auf Bitten der *ācāryas,* der heiligen Lehrer, herab und besitzt aufgrund der Allmacht des Herrn alle ursprünglichen Eigenschaften des Herrn. Törichte Menschen, die keine Kenntnis von der *Śrī Īśopaniṣad* oder anderen *śruti-mantras* haben, glauben, das von den reinen Gottgeweihten verehrte *arcā-vigraha* bestehe aus materiellen Elementen. Den unvollkommenen Augen von törichten Menschen oder *kaniṣṭha-adhikārīs* mag diese Form materiell erscheinen, doch wissen diese Menschen nicht, dass der Herr, da Er allmächtig und allwissend ist, nach Belieben Materie in spirituelle Energie und spirituelle Energie in Materie umwandeln kann.

In der *Bhagavad-gītā* (9.11–12) bedauert der Herr den gefallenen Zustand von Menschen mit dürftigem Wissen, die den Körper des Herrn als materiell betrachten, nur weil der Herr in einer menschenähnlichen Gestalt in die materielle Welt hinabsteigt. Solche uninformierten Menschen wissen nichts von der Allmacht des Herrn. Menschen, die sich mit intellektueller Spekulation befassen, offenbart sich der Herr daher nicht in Seiner ganzen Fülle. Man kann Ihn nur in dem Maße erkennen, wie man sich Ihm ergibt. Der gefallene Zustand der Lebewesen ist allein darauf zurückzuführen, dass sie ihre Beziehung zu Gott vergessen haben.

In diesem *mantra* wie auch in vielen anderen vedischen *mantras* heißt es eindeutig, dass der Herr seit unvordenklicher Zeit die Lebewesen mit allen möglichen Dingen versorgt. Die Lebewesen wünschen sich etwas, und der Herr erfüllt ihnen ihre Wünsche in dem Maße, wie sie es verdienen. Wenn jemand Richter am obersten Gerichtshof werden möchte, muss er nicht nur die notwendigen Qualifikationen mitbringen, sondern er muss auch die Zustimmung der Autorität einholen, die den Titel „Oberrichter" verleihen kann. Die persönliche Eignung reicht nicht aus, das Amt zu bekleiden. Es muss von einer höheren Autorität verliehen werden. In ähnlicher Weise gewährt der Herr den Lebewesen Genüsse in dem Maße, wie sie es verdienen, oder, mit anderen Worten, dem Gesetz des *karma* entsprechend. Das Verdienst allein genügt nicht, den Lohn zu empfangen. Die Gnade des Herrn ist ebenfalls nötig.

Gewöhnlich weiß das Lebewesen nicht, worum es den Herrn bitten oder nach welcher Stellung es streben soll. Wenn es jedoch seine wesenseigene Stellung erkennt, bittet es um Aufnahme in die transzendentale Gemeinschaft des Herrn, um Ihm in transzendentaler Liebe dienen zu dürfen. Leider bittet das Lebewesen unter dem Einfluss der materiellen Natur um viele andere Dinge, und diese Geisteshaltung wird in der *Bhagavad-gītā* (2.41) als viel verzweigte, gespaltene Intelligenz bezeichnet. Spirituelle Intelligenz richtet sich auf nur ein Ziel, wohingegen sich weltliche Intelligenz in viele verschiedene Richtungen streut. Im *Śrīmad-Bhāgavatam* heißt es, dass diejenigen, die von der vergänglichen Schönheit der äußeren Energie betört sind, das eigentliche Ziel des Lebens vergessen, nämlich in die ewige Heimat, zu Gott, zurückzukehren. Sie versuchen, durch alle möglichen Pläne und Programme ihre irdische Existenz zu ordnen, doch dies gleicht dem Kauen des bereits Gekauten. Trotzdem ist der Herr so gütig, dass Er es ihnen gestattet, in dieser Weise fortzufahren, ohne sich einzumischen. Daher wird in diesem *mantra* der *Śrī Īśopaniṣad* das sehr angemessene Wort *yāthātathyataḥ* gebraucht, womit ausgesagt wird, dass der Herr die Lebewesen entsprechend ihren Wünschen belohnt. Wenn ein Lebewesen in die Hölle möchte, gestattet der Herr ihm seinen Wunsch, ohne sich einzumischen, und wenn es nach Hause, zu Gott, zurückkehren möchte, hilft der Herr ihm auch hierbei.

Gott wird hier als *paribhūḥ*, der Größte von allen, beschrieben. Niemand kommt Ihm gleich oder ist größer als Er. Die anderen Lebewesen werden als Bettler bezeichnet, die den Herrn um die Erfüllung ihrer Wünsche bitten, und der Herr erfüllt ihnen diese Wünsche. Wären sie Ihm an Kraft ebenbürtig oder wären sie allmächtig oder allwissend, so bräuchten sie den Herrn um nichts zu bitten, nicht einmal um so genannte Befreiung. Wahre Befreiung bedeutet, zu Gott zurückzukehren. Die von den Unpersönlichkeitsphilosophen angestrebte Befreiung ist ein Mythos, und das Betteln um die Befriedigung der Sinne muss ewig fortgeführt werden, es sei denn, der Bettler kommt zu seinen spirituellen Sinnen und erkennt seine wesenseigene Stellung.

Allein der Höchste Herr ist unabhängig. Als Śrī Kṛṣṇa vor fünftausend Jahren auf der Erde erschien, offenbarte Er sich durch Seine mannigfaltigen Taten und Spiele als der vollkommene Persönliche Gott. In Seiner Kindheit tötete Er viele mächtige Dämonen wie Aghāsura, Bakāsura und Śakaṭāsura, doch kann keine Rede davon sein, dass Er sich Seine Macht durch besondere Bemühungen erst aneignen musste. Er hob den Govardhana-Hügel in die Luft, ohne sich im Gewichtheben geübt zu haben. Er tanzte mit den *gopīs*, ohne auf gesellschaftliche Beschränkungen Rücksicht zu nehmen, aber auch ohne dass Ihm daraus ein Vorwurf gemacht werden könnte. Obwohl sich die *gopīs* Ihm mit amourösen Gefühlen näherten, wurde die Beziehung zwischen den *gopīs* und Kṛṣṇa sogar von Śrī Caitanya gepriesen, der als strikter *sannyāsī* lebte und streng den Vorschriften der Selbstdisziplin folgte. Zur Bestätigung, dass der Herr immer rein und unbefleckt ist, beschreibt die *Śrī Īśopaniṣad* Ihn als *śuddham* (antiseptisch) und *apāpa-viddham* (prophylaktisch). Er ist antiseptisch in dem Sinne, dass selbst etwas Unreines durch die bloße Berührung mit Ihm gereinigt werden kann. Das Wort „prophylaktisch" bezieht sich auf die Macht Seiner Gemeinschaft. Wie in der *Bhagavad-gītā* (9.30–31) erklärt wird, mag ein Gottgeweihter zu Beginn als *sudurācāra* (jemand, der kein vorbildliches Verhalten an den Tag legt) bezeichnet werden, doch man sollte ihn als rein betrachten, da er sich auf dem richtigen Weg befindet und die Gemeinschaft des Herrn eine prophylaktische Wirkung hat. Auch ist der Herr *apāpa-viddham,* d.h. von Sünde unberührt. Selbst wenn Er augenscheinlich sündhaft handelt, sind solche Handlungen gut, denn es ist ausgeschlossen, dass Er von Sünde berührt wird. Weil Er unter allen Umständen *śuddham* (in höchstem Maße rein) ist, vergleicht man

Ihn oft mit der Sonne. Die Sonne lässt von vielen unreinen Orten auf der Erde die Feuchtigkeit verdunsten, und doch bleibt sie selbst rein, ja durch ihre keimtötenden Kräfte reinigt sie die abscheulichsten Dinge. Wenn schon die Sonne, die nur ein materielles Objekt ist, solche Kraft besitzt, können wir uns die Reinheit und Stärke des allmächtigen Herrn kaum vorstellen.

Neuntes Mantra

अन्धं तमः प्रविशन्ति येऽविद्यामुपासते ।
ततो भूय इव ते तमो य उ विद्यायाँ रताः ॥

andhaṁ tamaḥ praviśanti
ye 'vidyām upāsate
tato bhūya iva te tamo
ya u vidyāyām̐ ratāḥ

andham – tiefe Unwissenheit; *tamaḥ* – Finsternis; *praviśanti* – gehen ein in; *ye* – diejenigen, die; *avidyām* – Unkenntnis; *upāsate* – verehren; *tataḥ* – als dieses; *bhūyaḥ* – noch mehr; *iva* – wie; *te* – sie; *tamaḥ* – Finsternis; *ye* – diejenigen, die; *u* – auch; *vidyāyām* – mit der Kultivierung von Wissen; *ratāḥ* – beschäftigt.

Diejenigen, die mit ihrem Tun Unwissenheit kultivieren, werden in die finstersten Bereiche der Dunkelheit eingehen. Schlimmer noch ergeht es denjenigen, die sich mit der Kultivierung von Scheinwissen befassen.

ERLÄUTERUNG: In diesem *mantra* findet man eine vergleichende Studie von *vidyā* und *avidyā*. *Avidyā*, Unwissenheit, ist zweifellos gefährlich, doch *vidyā,* Wissen, ist noch gefährlicher, wenn es fehlerhaft und irrig ist. Dieses *mantra* der *Śrī Īśopaniṣad* ist heute aktueller als je zuvor. Unsere Zivilisation hat auf dem Gebiet der Bildung beträchtlichen Fortschritt gemacht, doch als Folge davon sind die Menschen unglücklicher denn je, weil zu viel Nachdruck auf materiellen Fortschritt gelegt wird, sodass der spirituelle Aspekt des Lebens verloren geht.

Was *vidyā* betrifft, so wurde im ersten *mantra* deutlich festgestellt, dass der Höchste Herr der Eigentümer aller Dinge ist und dass das Vergessen dieser Tatsache Unwissenheit ist. Je mehr ein Mensch dies vergisst, desto mehr wird er von Finsternis umhüllt. Unter diesem Gesichtspunkt ist eine gottlose Zivilisation, deren Ziel die Förderung so genannter Bildung ist, gefährlicher als eine Zivilisation, in der der überwiegende Teil der Bevölkerung weniger „gebildet" ist.

Es gibt verschiedene Gruppen von Menschen – *karmīs, jñānīs* und *yogīs* –, von denen die *karmīs* Tätigkeiten zur Befriedigung ihrer Sinne nachgehen. In unserer heutigen Zivilisation sind 99,9 Prozent der Menschen im Namen von industriellem Fortschritt, wirtschaftlicher Entwicklung, Altruismus, politischem Aktivismus usw. für die Befriedigung ihrer Sinne tätig. Bei diesen Tätigkeiten dreht sich praktisch alles um Sinnenbefriedigung, sodass es keinen Platz mehr gibt für die Art des Gottesbewusstseins, wie es im ersten *mantra* der *Śrī Īśopaniṣad* beschrieben wird.

Laut *Bhagavad-gītā* (7.15) sind Menschen, die nach grober Sinnenbefriedigung streben, *mūḍhas*, Esel. Der Esel ist das Symbol der Dummheit. Diejenigen, die nur nach der Befriedigung ihrer Sinne trachten, ohne jeden wirklichen Gewinn im Leben, „verehren" nach Aussage der *Śrī Īśopaniṣad* Unwissenheit, *avidyā*. Und diejenigen, die diese Art der Zivilisation durch so genannten Bildungsfortschritt fördern, richten im Grunde mehr Schaden an als Menschen, die auf der Stufe grober Sinnenbefriedigung stehen. Der Bildungsfortschritt gottloser Menschen ist so gefährlich wie ein kostbarer Juwel auf dem Haupt einer Kobra. Eine mit einem kostbaren Juwel geschmückte Kobra ist noch gefährlicher als eine gewöhnliche Kobra.

Im *Hari-bhakti-sudhodaya* wird die Bildung gottloser Menschen mit dem Schmuck eines Leichnams verglichen. In Indien und in vielen anderen Ländern folgen manche Menschen bei einer Beerdigung dem

Brauch, zur Freude der trauernden Verwandten eine Prozession mit dem geschmückten toten Körper des Verstorbenen abzuhalten. In ähnlicher Weise besteht die heutige Zivilisation aus einem Flickwerk von Bemühungen, die unaufhörlichen Leiden des materiellen Daseins zu verhüllen. Diese Bemühungen richten sich auf die Befriedigung der Sinne, doch über den Sinnen steht der Geist, über dem Geist die Intelligenz und über der Intelligenz die Seele. Das Ziel wirklicher Bildung sollte daher Selbsterkenntnis sein, d. h. die Erkenntnis der spirituellen Werte der Seele. Bildung, die nicht zu dieser Erkenntnis führt, muss als *avidyā,* Unkenntnis, bezeichnet werden. Durch die Kultivierung solcher Unkenntnis gleitet man in den finstersten Bereich der Unwissenheit hinab.

Die falschen Lehrer, die der Masse der Menschen solche als Bildung verkleidete Unkenntnis beibringen, werden in der *Bhagavad-gītā* als *veda-vāda-rata* und *māyayāpahṛta-jñāna* bezeichnet. Die *veda-vāda-ratas* geben vor, in den vedischen Schriften wohl bewandert zu sein, doch leider haben sie den Zweck der Veden völlig aus den Augen verloren. In der *Bhagavad-gītā* (15.15) heißt es, dass das Ziel des Studiums der Veden darin besteht, den Persönlichen Gott zu kennen, doch den *veda-vāda-ratas* liegt nicht das Geringste am Persönlichen Gott. Im Gegenteil, sie träumen davon, auf die himmlischen Planeten zu gelangen.

Wie es im ersten *mantra* der *Śrī Īśopaniṣad* heißt, sollten wir uns darüber im Klaren sein, dass der Persönliche Gott der Eigentümer aller Dinge ist, und wir sollten uns mit dem uns zugewiesenen Anteil an lebensnotwendigen Dingen zufrieden geben. Es ist der Zweck aller vedischen Schriften, dieses Gottesbewusstsein in den vergesslichen Lebewesen zu erwecken, und das gleiche Prinzip wird, nur in anderer Form, auch in allen anderen offenbarten Schriften der Welt erklärt, damit die verblendete Menschheit diesem Verständnis näher kommen kann. Der wahre Zweck aller Religionen besteht also darin, den Menschen zurück zu Gott zu bringen. Statt jedoch den Zweck der Veden zu erkennen, nämlich das Wiedererwecken der vergessenen Beziehung mit dem Persönlichen Gott, gehen die *veda-vāda-ratas* wie selbstverständlich davon aus, Begleiterscheinungen wie das Erreichen himmlischer Sinnenfreuden seien das eigentliche Ziel der Veden. Solche sinnlichen Begierden sind jedoch der eigentliche Grund ihrer Bindung an die Materie.

Durch ihre falsche Auslegung der vedischen Schriften führen die *veda-vāda-ratas* andere in die Irre. Einige von ihnen verurteilen sogar die Purāṇas, die für Laien bestimmten authentischen Erklärungen zu den Veden. Die *veda-vāda-ratas* erklären die Veden auf ihre eigene Weise und übergehen dabei die Autorität der großen Lehrer, der *ācāryas*. Auch neigen sie dazu, irgendeinen gewissenlosen Menschen aus ihren Kreisen als den führenden Exponenten vedischen Wissens darzustellen. Solche Menschen werden im vorliegenden *mantra* durch den treffenden Sanskritausdruck *vidyāyāṁ ratāḥ* mit Nachdruck verurteilt. *Vidyāyām* bedeutet das Studium der Veden, denn die Veden sind der Ursprung allen Wissens *(vidyā)*, und *ratāḥ* bedeutet „diejenigen, die sich befassen mit". *Vidyāyāṁ ratāḥ* bedeutet demnach „mit dem Studium der Veden beschäftigt". Die so genannten Anhänger der Veden werden hier verurteilt, weil sie aufgrund ihres Ungehorsams gegenüber den *ācāryas* den eigentlichen Zweck der Veden verkennen. Solche *veda-vāda-ratas* verleihen gewöhnlich jedem Wort der Veden Bedeutungen, die ihren eigenen Zwecken dienen. Sie wissen nicht, dass die vedischen Schriften keine Sammlung gewöhnlicher Bücher sind und nur durch die Nachfolge der spirituellen Meister verstanden werden können.

Man muss sich an einen echten spirituellen Meister wenden, um die transzendentale Botschaft der Veden zu verstehen. So lautet die Anweisung der *Muṇḍaka Upaniṣad*. Die *veda-vāda-ratas* folgen jedoch ihrem eigenen *ācārya*, der nicht der transzendentalen Schülernachfolge angehört. So gleiten sie durch ihre falsche Auslegung der vedischen Schriften in den finstersten Bereich der Unwissenheit hinab, tiefer noch als diejenigen, die überhaupt nichts von den Veden wissen.

Die Gruppe der *māyayāpahṛta-jñānas* sind selbsternannte „Götter". Solche Menschen glauben, sie selbst seien Gott und es bestehe keine Notwendigkeit zur Verehrung eines anderen Gottes. Sie würden es gutheißen, einen gewöhnlichen Sterblichen zu verehren, wenn er nur reich ist, doch den Persönlichen Gott werden sie niemals verehren. Solche verblendeten Menschen erkennen nicht ihre eigene Torheit, die offenkundig wird, wenn man sie fragt, wie Gott jemals unter den Einfluss *māyās*, Seiner täuschenden Energie, geraten könnte. Geriete Gott unter den Einfluss *māyās*, dann wäre *māyā* mächtiger als Gott. Gleichzeitig sagen sie auch, Gott sei allmächtig. Wenn aber Gott allmächtig ist, wie kann Er dann von *māyā* überwältigt werden? Die selbsternannten „Götter" können auf all diese Fragen keine Antworten geben, und trotzdem sind sie zufrieden mit der Vorstellung, selber „Gott" geworden zu sein.

Zehntes Mantra

अन्यदेवाहुर्विद्यया अन्यदाहुरविद्यया ।
इति शुश्रुम धीराणां ये नस्तद्विचचक्षिरे ॥

anyad evāhur vidyayā
anyad āhur avidyayā
iti śuśruma dhīrāṇāṁ
ye nas tad vicacakṣire

anyat – verschieden; *eva* – eben; *āhuḥ* – gesagt; *vidyayā* – durch Kultivierung von Wissen; *anyat* – verschieden; *āhuḥ* – gesagt; *avidyayā* – durch Kultivierung von Unwissenheit; *iti* – so; *śuśruma* – ich hörte; *dhīrāṇām* – von den Weisen; *ye* – die; *naḥ* – uns; *tat* – dies; *vicacakṣire* – erklärten.

Die Weisen haben uns erklärt, dass sich die Kultivierung von Wissen anders auswirkt als die Kultivierung von Unwissenheit.

ERLÄUTERUNG: In der *Bhagavad-gītā* (13.8–12) heißt es, dass man sich auf folgende Weise um Wissen bemühen soll:

1) Man soll ein Mensch von feinem Wesen werden und lernen, anderen gebührende Achtung zu erweisen.
2) Man soll sich nicht als religiöser Mensch ausgeben, nur um sich einen Namen zu machen.

3) Man soll andere nicht beängstigen, weder durch Taten noch durch Worte noch durch Gedanken.
4) Man soll lernen, duldsam zu sein, selbst wenn man von anderen provoziert wird.
5) Man soll lernen, im Umgang mit anderen Doppelzüngigkeit zu vermeiden.
6) Man soll einen echten spirituellen Meister ausfindig machen, der einen nach und nach auf die Stufe spiritueller Erkenntnis erheben kann. Einem solchen spirituellen Meister muss man sich ergeben, ihm dienen und ihm relevante Fragen stellen.
7) Man muss sich an die in den offenbarten Schriften aufgeführten regulierenden Prinzipien halten, wenn man Selbsterkenntnis erreichen will.
8) Man muss sich in den Lehren der offenbarten Schriften bestens auskennen.
9) Man soll von Gewohnheiten, die den Fortschritt auf dem Pfad der Selbsterkenntnis beeinträchtigen, völlig Abstand nehmen.
10) Man soll nicht mehr für sich beanspruchen, als zur Erhaltung des Körpers nötig ist.
11) Man soll nicht fälschlich das Selbst mit dem physischen Körper gleichsetzen oder diejenigen als sein Eigen betrachten, die mit dem eigenen Körper verwandt sind.
12) Man soll sich stets daran erinnern, dass man den wiederholten Leiden von Geburt, Alter, Krankheit und Tod ausgesetzt ist, solange man sich in einem materiellen Körper befindet. Es hat keinen Sinn, Pläne zu schmieden, um sich von diesen Leiden des materiellen Körpers zu befreien. Das Beste ist, man findet das Mittel, durch das man seine spirituelle Identität wiedererlangen kann.
13) Man soll sich mit den für spirituellen Fortschritt erforderlichen Lebensnotwendigkeiten begnügen.
14) Man soll nicht mehr an Frau, Kindern und Heim hängen als in den offenbarten Schriften empfohlen.
15) Man soll über erwünschte oder unerwünschte Dinge weder glücklich noch unglücklich sein, in dem Wissen, dass solche wertenden Gefühle bloß dem Geist entspringen.

16) Man soll ein reiner Geweihter des Persönlichen Gottes, Śrī Kṛṣṇas, werden und Ihm mit ungeteilter Aufmerksamkeit dienen.
17) Man soll eine Vorliebe entwickeln für den Aufenthalt an einem abgelegenen Ort mit einer ruhigen und stillen Umgebung, die der spirituellen Vervollkommnung zuträglich ist, und man soll die überfüllten Orte meiden, an denen Nichtgottgeweihte sichzusammenfinden.
18) Man soll ein Wissenschaftler oder Philosoph werden und nach spirituellem Wissen forschen, nicht nach materiellem Wissen, in der Erkenntnis, dass spirituelles Wissen beständig ist, wohingegen materielles Wissen mit dem Tod des Körpers endet.

Das Befolgen dieser achtzehn Weisungen führt zur allmählichen Entwicklung wirklichen Wissens. Alle anderen Methoden, die von den hier erwähnten abweichen, fallen in die Kategorie von Unwissenheit. Śrīla Bhaktivinoda Ṭhākura, ein großer *ācārya*, erklärte, dass alle Formen materiellen Wissens nichts weiter als äußere Aspekte der täuschenden Energie seien und dass man durch die Beschäftigung mit solchem Wissen zu nichts Besserem werde als zu einem Esel. Hier in der *Śrī Īśopaniṣad* finden wir diese Feststellung bestätigt. Durch den Fortschritt im materiellen Wissen wird der Mensch im Grunde auf die Stufe eines Esels zurückversetzt. Einige materialistische Politiker in spiritueller Maske verurteilen die gegenwärtige Zivilisation als satanisch, doch liegt ihnen leider nichts an der Kultivierung wahren Wissens, wie es in der *Bhagavad-gītā* beschrieben wird, und so können auch sie an den satanischen Zuständen nichts ändern.

Heutzutage sind schon Halbwüchsige so eingebildet, dass sie es nicht nötig haben, der älteren Generation Achtung zu erweisen. Die falsche Erziehung an unseren Universitäten hat dazu geführt, dass junge Menschen auf der ganzen Welt den älteren Sorgen bereiten. Die *Śrī Īśopaniṣad* ermahnt uns daher sehr eindringlich, die Förderung der Unwissenheit von der des Wissens zu unterscheiden. Unsere Universitäten sind gewissermaßen nur noch Zentren der Unwissenheit, und folglich erfinden Wissenschaftler mit großem Eifer tödliche Waffen, um andere Länder zu vernichten. Die heutigen Studenten werden nicht in den Prinzipien des *brahmacarya* (zölibatäres Leben) geschult, und sie glauben auch nicht an die Anweisungen der heiligen Schriften. Religiöse Grundsätze werden nur gelehrt, um sich einen Namen zu machen, und nicht, um tatsächlich danach zu handeln. Es herrscht daher nicht nur im sozialen und politischen Bereich Feindseligkeit, sondern auch im religiösen.

Auch der in verschiedenen Teilen der Welt entstandene Nationalismus ist auf diese Förderung der Unwissenheit unter den Menschen zurückzuführen. Niemand zieht in Betracht, dass unsere winzige Erde nur ein Klumpen Materie ist, der zusammen mit vielen anderen Klumpen im unermesslichen Raum schwebt. Im Vergleich zur Weite des Weltalls sind diese Materieklumpen wie in der Luft schwebende Staubteilchen. Weil Gott in Seiner Güte diese Materieklumpen als vollkommene, eigenständige Einheiten geschaffen hat, sind sie mit allem Notwendigen ausgestattet, um im Raum schweben zu können. Die Piloten unserer Raumschiffe mögen auf ihre Erfolge sehr stolz sein, doch sie vergessen den höchsten Piloten, der die viel größeren, gewaltigeren Raumschiffe lenkt, die man als Planeten bezeichnet.

Es gibt unzählige Sonnen und unzählige Planetensysteme. Wir winzigen Geschöpfe, die wir verschwindend kleine Teile des Höchsten Herrn sind, versuchen, diese zahllosen Planeten zu beherrschen. So werden wir immer wieder geboren und sterben und erleben die Enttäuschung des Alt- und Krankwerdens. Die Zeitspanne des menschlichen Lebens ist auf etwa einhundert Jahre festgelegt, wenngleich sie sich allmählich auf zwanzig bis dreißig Jahre verringern wird. Dank einer Kultur, die die Unwissenheit unter den Menschen fördert, haben Narren ihre eigenen Nationen geschaffen, um in den wenigen Jahren ihres Lebens ihre Sinne noch besser genießen zu können. Solche törichten Menschen entwerfen vielerlei Pläne, um ihren abgegrenzten Flecken Erde vollkommen zu machen, was völlig unmöglich ist. Doch aus diesem Grunde ist eine Nation für eine andere zum Schreckgespenst geworden. Mehr als fünfzig Prozent der Energie einer Nation werden für den Verteidigungshaushalt aufgewendet – und so vergeudet. Niemand kümmert sich um die Kultivierung von echtem Wissen, und doch bilden sich die Menschen ein, sowohl in materieller als auch in spiritueller Erkenntnis fortzuschreiten.

Die *Śrī Īśopaniṣad* warnt uns vor solch falscher Bildung, und die *Bhagavad-gītā* (13.8–12) gibt Anweisungen, wie man wirkliches Wissen entwickeln kann. In diesem *mantra* wird darauf hingewiesen, dass man *vidyā* (Wissen) von einem *dhīra* empfangen muss. Ein *dhīra* ist jemand, der sich durch die materielle Illusion nicht täuschen lässt. Niemand kann über den Einflüssen der täuschenden Energie stehen, ohne vollkommene spirituelle Erkenntnis erlangt zu haben. Dies zeigt sich daran, dass man frei wird von Verlangen und Klagen. Ein *dhīra* erkennt, dass der grobstoffliche und der feinstoffliche materielle Körper, die ihm aufgrund seiner Bindung an die Materie zugefallen sind, fremde Elemente sind. Er macht daher einfach das Beste aus einem schlechten Geschäft.

Der materielle Körper und der materielle Geist sind ein schlechtes Geschäft für das spirituelle Lebewesen. Seine eigentliche Heimat ist die lebendige spirituelle Welt. Die materielle Welt ist tot. Solange die lebendigen spirituellen Funken die tote Materie bewegen, erscheint die tote Welt wie eine lebendige Welt, doch eigentlich sind es die lebendigen Seelen, die integralen Teile des Höchsten Wesens, die die Welt in Bewegung halten. Die *dhīras* wissen all diese Dinge, weil sie von höheren Autoritäten darüber gehört haben, und sie haben dieses Wissen durch das Befolgen der regulierenden Prinzipien verinnerlicht.

Um die regulierenden Prinzipien befolgen zu können, muss man bei einem echten spirituellen Meister Zuflucht suchen. Die transzendentale Botschaft und die regulierenden Prinzipien empfängt der Schüler vom spirituellen Meister, und nicht auf dem fragwürdigen Weg eines auf Unwissenheit beruhenden Bildungssystems. Nur durch ergebenes Hören von einem echten spirituellen Meister kann man zu einem *dhīra* werden. In der *Bhagavad-gītā* wurde Arjuna zu einem *dhīra*, indem er ergeben den Worten Śrī Kṛṣṇas, des Persönlichen Gottes, lauschte. Der vollkommene Schüler muss sein wie Arjuna und der spirituelle Meister wie der Herr selbst. So empfängt man *vidyā* (Wissen) von einem *dhīra*.

Ein *adhīra* (jemand, der nicht die Ausbildung eines *dhīra* empfangen hat) kann kein wegweisender Führer sein. Die heutigen Politiker, die sich als *dhīras* ausgeben, sind in Wirklichkeit *adhīras*, und daher kann man von ihnen kein vollkommenes Wissen erwarten. Ihnen geht es nur um ihre eigenen Vergütungen in Form von Dollars und Cents. Wie können sie also die Masse der Menschen auf den richtigen Pfad der Selbsterkenntnis führen? Um wirkliches Wissen zu erhalten, muss man daher in ergebener Haltung von einem *dhīra* hören.

Elftes Mantra

विद्यां चाविद्यां च यस्तद्वेदोभयँ सह ।
अविद्यया मृत्युं तीर्त्वा विद्ययामृतमश्नुते ॥

vidyāṁ cāvidyāṁ ca yas
tad vedobhayaṁ̐ saha
avidyayā mṛtyuṁ tīrtvā
vidyayāmṛtam aśnute

vidyām – wirkliches Wissen; *ca* – und; *avidyām* – Unwissenheit; *ca* – und; *yaḥ* – jemand, der; *tat* – dieses; *veda* – kennt; *ubhayam* – beides; *saha* – gleichzeitig; *avidyayā* – durch Förderung der Unwissenheit; *mṛtyum* – wiederholter Tod; *tīrtvā* – transzendierend; *vidyayā* – durch die Entwicklung von Wissen; *amṛtam* – der Todlosigkeit; *aśnute* – erfreut sich.

Nur wer die Wirkungsweise der Unwissenheit und die des transzendentalen Wissens zugleich begreift, vermag den Einfluss wiederholter Geburt und wiederholten Todes zu überwinden und kann sich des vollen Segens der Unsterblichkeit erfreuen.

ERLÄUTERUNG: Seit der Erschaffung der materiellen Welt strebt jeder danach, ewig zu leben, doch das Gesetz der Natur ist so grausam, dass es niemandem gelingt, der Hand des Todes zu entgehen. Niemand möchte sterben, und niemand möchte alt und krank werden, doch das Gesetz der Natur gestattet niemandem Immunität gegen Alter, Krankheit und Tod. Auch der Fortschritt im materiellen Wissen hat diese Probleme nicht zu lösen vermocht. Die Wissenschaftler haben zwar die Atombombe erfunden, um das Sterben zu beschleunigen, doch vermögen sie nichts zu entdecken, was den Menschen vor dem unerbittlichen Griff von Alter, Krankheit und Tod bewahren kann.

Der siebte Canto des *Śrīmad-Bhāgavatam* berichtet uns von Hiraṇyakaśipu, einem dämonischen König, der in materieller Hinsicht sehr fortgeschritten war und durch seine materiellen Errungenschaften und die Macht seiner Unwissenheit den Tod bezwingen wollte. Er unterzog sich daher einer Art Meditation, die mit solch strenger Askese verbunden war, dass sich die Bewohner aller Planetensysteme durch seine mystischen Kräfte bedroht fühlten. Er zwang den Schöpfer des Universums, den Halbgott Brahmā, zu ihm herabzukommen, und verlangte von ihm die Segnung, *amara* (unsterblich) zu werden. Brahmā konnte ihm diese Segnung jedoch nicht gewähren, denn selbst er, der Schöpfer des materiellen Universums und Herrscher über alle Planeten, ist nicht *amara*. Wie in der *Bhagavad-gītā* (8.17) bestätigt wird, verfügt er über eine sehr lange Lebensdauer, doch dies bedeutet nicht, dass er unsterblich ist.

Hiraṇya bedeutet „Gold“, und *kaśipu* bedeutet „weiches Bett“. Dieser feine Herr war also an diesen beiden Dingen interessiert – an Geld und Frauen –, und wollte sie genießen, ohne sterben zu müssen. Als Brahmā ihn wissen ließ, dass er ihm die Segnung der Unsterblichkeit nicht erteilen könne, erbat sich Hiraṇyakaśipu von Brahmā Segnungen anderer Art, in der Hoffnung, sein Begehren indirekt erfüllen zu können: Niemandem sollte es möglich sein, ihn zu töten – weder einem Menschen noch einem Tier, einem Halbgott oder sonst einem Geschöpf unter den 8 400 000 Lebensarten. Auch sollte er nicht auf dem Land, in der Luft, im Wasser oder durch irgendeine Waffe sterben. Noch vieles andere mehr ließ er sich zusichern und glaubte so, gegen den Tod gefeit zu sein. Zuletzt aber wurde er, trotz all der Segnungen Brahmās, vom Höchsten Persönlichen Gott in der Gestalt des Menschlöwen Nṛsiṁha getötet. Hiraṇyakaśipu fiel durch keine Waffe, sondern wurde von den Krallen des Herrn in Stücke gerissen, und er starb auch nicht auf dem

Land, in der Luft oder im Wasser, sondern auf dem Schoß jenes wundersamen Wesens Nṛsiṁha, das sich jenseits seiner Vorstellungskraft befand.

Von entscheidender Bedeutung ist hier die Tatsache, dass selbst Hiraṇyakaśipu, der mächtigste der Materialisten, trotz seiner vielfältigen Pläne nicht dem Tod entrinnen konnte. Was werden also die winzigen Hiraṇyakaśipus der heutigen Zeit erreichen, deren Pläne auf Schritt und Tritt vereitelt werden?

Die *Śrī Īśopaniṣad* unterweist uns, keine einseitigen Versuche zu unternehmen, den Kampf ums Dasein zu gewinnen. Jeder kämpft hart um seine Existenz, doch die Gesetze der materiellen Natur sind so streng und unnachgiebig, dass sie es niemandem gestatten, sie zu überwinden. Will man ewig leben, so muss man bereit sein, zu Gott zurückzukehren.

Was man tun muss, um zu Gott zu gelangen, erfährt man aus den offenbarten vedischen Schriften wie den Upaniṣaden, dem *Vedānta-sūtra*, der *Bhagavad-gītā* und dem *Śrīmad-Bhāgavatam*. Wenn man im gegenwärtigen Leben glücklich werden und nach dem Verlassen des materiellen Körpers ein ewiges, glückseliges Leben erreichen möchte, muss man sich diesen heiligen Schriften aufschließen und transzendentales Wissen erwerben. Das bedingte Lebewesen hat seine ewige Beziehung zu Gott vergessen und hält irrtümlich seinen Geburtsort für sein Ein und Alles. Der Herr offenbarte in Seiner Güte die oben erwähnten Schriften in Indien und andere Schriften in anderen Ländern, um den vergesslichen Menschen daran zu erinnern, dass seine Heimat nicht hier in der materiellen Welt ist. Das Lebewesen ist von spiritueller Natur und kann nur glücklich sein, wenn es in seine spirituelle Heimat, zu Gott, zurückkehrt.

Der Höchste Persönliche Gott schickt Seine ergebenen Diener aus Seinem Reich, um diese Botschaft, durch die man zu Ihm zurückkehren kann, zu verbreiten, und manchmal kommt Er auch selbst zu diesem Zweck. Da alle Lebewesen Seine geliebten Kinder, Seine integralen Teile sind, leidet Gott mehr als wir selbst, wenn Er die Leiden sieht, denen wir im materiellen Dasein ständig ausgesetzt sind. Die Leiden der materiellen Welt dienen indirekt dazu, uns daran zu erinnern, dass unsere eigentliche, spirituelle Natur mit der toten Materie unvereinbar ist. Intelligente Lebewesen nehmen sich diese Mahnungen zu Herzen und bemühen sich um die Entwicklung von *vidyā,* transzendentalem Wissen. Das menschliche Leben bietet die beste Gelegenheit zur Kultivierung spirituellen Wissens. Ein Mensch, der diese Gelegenheit nicht nutzt, gilt als *narādhama,* der Niedrigste unter den Menschen.

Der Pfad der *avidyā,* d. h. der Förderung materiellen Wissens zur Befriedigung der Sinne, ist der Pfad wiederholter Geburten und Tode. Da das Lebewesen von spiritueller Natur ist, kennt es weder Geburt noch Tod. Geburt und Tod betreffen die äußere Hülle der spirituellen Seele, den Körper. Der Tod wird mit dem Ablegen und die Geburt mit dem Anlegen von Kleidern verglichen. Törichten Menschen, die von der Kultivierung der *avidyā* (Unwissenheit) völlig in Anspruch genommen sind, macht dieser grausame Vorgang nichts aus. Betört durch die Schönheit der täuschenden Energie, machen sie immer wieder die gleichen Leiden durch und ziehen doch keine Lehre aus den Gesetzen der Natur.

Es ist für den Menschen von größter Bedeutung, sich um *vidyā,* transzendentales Wissen, zu bemühen. Er muss den Genuss der Sinne im krankhaften materiellen Zustand so weit wie möglich einschränken. Der uneingeschränkte Genuss der Sinne im körperlichen Dasein ist der Pfad der Unwissenheit und des Todes. Die Lebewesen sind nicht ohne spirituelle Sinne. Jedes Lebewesen hat in seiner ursprünglichen, spirituellen Gestalt alle Sinne, die jetzt auf materielle Weise zum Ausdruck kommen, da sie von Körper und Geist bedeckt sind. Die Tätigkeiten der materiellen Sinne sind verzerrte Spiegelungen der Tätigkeiten der ursprünglichen, spirituellen Sinne. Wenn die spirituelle Seele unter der materiellen Hülle tätig ist, befindet sie sich in einem krankhaften Zustand. Wirklicher Genuss der Sinne ist nur möglich, wenn die Krankheit der materialistischen Gesinnung geheilt ist. In unserer reinen spirituellen Form, frei von aller materiellen Verunreinigung, ist echter Sinnengenuss möglich. Ein Patient muss erst seine Gesundheit wiederherstellen, bevor er die Freuden der Sinne genießen kann. Das Ziel des menschlichen Lebens sollte daher nicht widernatürlicher Sinnengenuss sein, sondern die Beseitigung der materiellen Krankheit. Eine Verschlimmerung der materiellen Krankheit zeugt nicht von Wissen, sondern von *avidyā,* Unwissenheit. Wer genesen will, darf sein Fieber nicht von 39 Grad auf 41 Grad erhöhen, sondern muss es auf die Normaltemperatur von 37 Grad senken. Das sollte das Ziel des menschlichen Lebens sein. Die heutige materialistische Zivilisation neigt dazu, die Temperatur des fieberhaften materiellen Daseins in die Höhe zu treiben, und folglich ist es dank der Atomenergie bereits auf 41 Grad angestiegen. Gleichzeitig jammern die törichten Politiker, mit der Welt könne es jeden Augenblick zu Ende sein. Das ist das Ergebnis der Förderung materiellen Wissens und der Vernachlässigung des Wichtigsten im Leben, der Kultivierung spirituellen Wissens. Hier warnt uns die *Śrī Īśopaniṣad* eindringlich davor, diesem gefährlichen Pfad zu folgen, der zum Tode führt. Stattdessen müssen wir spirituelles Wissen entwickeln, um so schließlich vor der Hand des Todes völlig sicher sein zu können.

Dies bedeutet jedoch nicht, dass alle Tätigkeiten zur Erhaltung des Körpers aufhören sollen. Es kann keine Rede davon sein, alles Tun einzustellen, ebenso wie wir die Körpertemperatur nicht auf null senken, wenn wir von einer Krankheit genesen wollen. Der treffende Ausdruck in diesem Zusammenhang lautet „das Beste aus einem schlechten Geschäft machen“. Um spirituelles Wissen zu entwickeln, muss man die Hilfe des Körpers und des Geistes in Anspruch nehmen, und daher ist die Erhaltung des Körpers und des Geistes nötig, wenn man das Ziel erreichen will. Wir sollten bemüht sein, die normale Temperatur von 37 Grad beizubehalten. Die großen Weisen und Heiligen Indiens haben versucht, dies durch ein ausgeglichenes System spirituellen und materiellen Wissens zu erreichen. Sie billigten niemals den Missbrauch menschlicher Intelligenz für krankhafte Sinnenbefriedigung.

Die Veden enthalten Richtlinien für Menschen, die durch den Hang zur Sinnenbefriedigung in der Seele erkrankt sind. Diese Richtlinien beruhen auf den Prinzipien der Religiosität, der wirtschaftlichen Entwicklung, der Sinnenbefriedigung und der Erlösung. Doch zum gegenwärtigen Zeitpunkt liegt den Menschen weder an Religion noch an Erlösung etwas. Sie kennen nur ein Lebensziel – die Befriedigung ihrer Sinne –, und um dieses Ziel zu erreichen, schmieden sie Pläne für wirtschaftliche Entwicklung. Irregeführte Menschen sind der Ansicht, Religion solle beibehalten werden, weil sie zur wirtschaftlichen Entwicklung beitrage, die nötig sei, um die Sinne zu befriedigen. Und um nach dem Tode, im Himmel, weitere Sinnenbefriedigung zu gewährleisten, gebe es ein System religiöser Prinzipien und Gebote. Dies ist jedoch nicht der Zweck der Religiosität und der wirtschaftlichen Entwicklung. In Wahrheit soll der Pfad der Religion zu Selbsterkenntnis führen und der Gesunderhaltung des Körpers dienen. Der Mensch soll gesund und mit einem klaren Geist leben, um *vidyā,* wahres Wissen, aufnehmen zu können. Das ist das Ziel des menschlichen Lebens. Dieses Leben ist nicht dafür bestimmt, zu schuften wie ein Esel oder *avidyā* zu fördern, um die Sinne befriedigen zu können.

Der Pfad der *vidyā* wird in seiner vollendeten Form im *Śrīmad-Bhāgavatam* beschrieben, das den Menschen anweist, sein Leben für Fragen nach der Absoluten Wahrheit zu nutzen. Die Absolute Wahrheit wird Schritt für Schritt als Brahman, Paramātmā und schließlich Bhagavān, der Höchste Persönliche Gott, erkannt. Die Absolute Wahrheit erkennt der weitsichtige Mensch, der Wissen und Loslösung erlangt hat, indem er den in der Erläuterung zum zehnten *mantra* aufgeführten achtzehn Weisungen der *Bhagavad-gītā* folgt. Diese achtzehn Weisungen sollen den Menschen letztlich dahin führen, transzendentalen hingebungsvollen Dienst zu erreichen. Aus diesem Grund wird allen Menschen geraten, die Kunst des hingebungsvollen Dienstes zu erlernen.

Der sichere Weg zum Ziel der *vidyā* wird von Śrīla Rūpa Gosvāmī in seinem *Bhakti-rasāmṛta-sindhu* beschrieben, den wir unter dem Titel *Der Nektar der Hingabe* veröffentlicht haben. Wie man *vidyā* entwickelt, wird vom *Śrīmad-Bhāgavatam* (1.2.14) mit folgenden Worten zusammengefasst:

tasmād ekena manasā
bhagavān sātvatāṁ patiḥ
śrotavyaḥ kīrtitavyaś ca
dhyeyaḥ pūjyaś ca nityadā

„Gottgeweihte sollen daher ständig mit gespannter Aufmerksamkeit über den Höchsten Persönlichen Gott, ihren Beschützer, hören, Ihn lobpreisen, sich an Ihn erinnern und Ihn verehren."

Ohne das Ziel, hingebungsvollen Dienst für den Herrn, zu erreichen, sind Religion, wirtschaftliche Entwicklung und Sinnenbefriedigung nur verschiedene Formen der Unwissenheit. Dies wird in den folgenden *mantras* der *Śrī Īśopaniṣad* erläutert werden.

Zwölftes Mantra

अन्धं तमः प्रविशन्ति येऽसम्भूतिमुपासते ।
ततो भूय इव ते तमो य उ सम्भूत्याँ रताः ॥

andhaṁ tamaḥ praviśanti
ye 'sambhūtim upāsate
tato bhūya iva te tamo
ya u sambhūtyāṁ ratāḥ

andham – Unwissenheit; *tamaḥ* – Finsternis; *praviśanti* – gehen ein in; *ye* – diejenigen, die; *asambhūtim* – Halbgötter; *upāsate* – verehren; *tataḥ* – als dieses; *bhūyaḥ* – noch mehr; *iva* – wie dieses; *te* – jene; *tamaḥ* – Finsternis; *ye* – die; *u* – auch; *sambhūtyām* – mit dem Absoluten; *ratāḥ* – sich befassend mit.

Die Verehrer der Halbgötter gehen in den finstersten Bereich der Unwissenheit ein, und noch schlimmer ergeht es den Verehrern des unpersönlichen Absoluten.

ERLÄUTERUNG: Das Sanskritwort *asambhūti* bezeichnet diejenigen, deren Dasein nicht unabhängig ist. Mit *sambhūti* ist der Absolute Persönliche Gott gemeint, der absolut unabhängig von allem ist. In der *Bhagavad-gītā* (10.2) sagt der Absolute Persönliche Gott, Śrī Kṛṣṇa:

na me viduḥ sura-gaṇāḥ
prabhavaṁ na maharṣayaḥ
aham ādir hi devānāṁ
maharṣīṇāṁ ca sarvaśaḥ

„Weder die Scharen der Halbgötter noch die großen Weisen kennen Meinen Ursprung oder Meine Herrlichkeit, denn Ich bin der Ursprung der Halbgötter und der Weisen.“ Kṛṣṇa ist somit der Ursprung der Kräfte, über die Halbgötter, große Weise und Mystiker verfügen. Zwar besitzen sie große Macht, doch auch ihre Macht ist begrenzt, und somit fällt es ihnen schwer zu begreifen, wie Kṛṣṇa durch Seine innere Kraft in der Gestalt eines Menschen erscheint.

Viele große Philosophen und *ṛṣis* (Mystiker) versuchen, mit ihrem winzigen Verstand das Absolute vom Relativen zu unterscheiden. Dies kann ihnen jedoch nur helfen, zu einer negativen Auffassung vom Absoluten zu gelangen, ohne eine positive Spur des Absoluten zu erkennen. Eine Definition des Absoluten durch Negation ist nicht umfassend. Solche negativen Definitionen führen dazu, dass man sich seine eigene Vorstellung schafft, und so glaubt man, das Absolute müsse formlos und ohne Eigenschaften sein. Solche negativen Eigenschaften sind nur die Umkehrungen relativer, materieller Eigenschaften und daher ebenfalls relativ. Durch diese Auffassung vom Absoluten kann man bestenfalls die als Brahman bekannte unpersönliche Ausstrahlung Gottes erreichen, doch weiterer Fortschritt zur Erkenntnis von Bhagavān, dem Höchsten Persönlichen Gott, ist auf diesem Wege nicht möglich.

Solche Anhänger der intellektuellen Spekulation wissen nicht, dass Kṛṣṇa der Absolute Persönliche Gott ist und dass das unpersönliche Brahman die gleißende Ausstrahlung Seines transzendentalen Körpers ist, während der Paramātmā, die Überseele, Seinen alldurchdringenden Aspekt darstellt. Auch ist ihnen nicht bekannt, dass Kṛṣṇa eine ewige Gestalt hat, mit transzendentalen Eigenschaften wie ewiger Glückseligkeit und vollkommenem Wissen. Die von Ihm abhängigen Halbgötter und großen Weisen halten Ihn in ihrer Unvollkommenheit für einen mächtigen Halbgott und glauben, die Brahman-Ausstrahlung sei die Absolute Wahrheit. Kṛṣṇas Geweihte jedoch können aufgrund ihrer reinen Hingabe zu Ihm erkennen, dass Er die Absolute Person ist und dass alles von Ihm ausgeht. Solche Gottgeweihten dienen Kṛṣṇa, dem Ursprung aller Dinge, ständig mit liebender Hingabe.

In der *Bhagavad-gītā* (7.20, 23) heißt es ebenfalls, dass nur unintelligente, verwirrte Menschen, getrieben von dem starken Verlangen ihre Sinne zu befriedigen, die Halbgötter verehren, doch alles, was sie davon haben, ist eine vorübergehende Erleichterung von ihren Problemen. Das Lebewesen ist in die materielle Welt verstrickt und muss aus dieser Knechtschaft völlig befreit werden; erst dann kann es auf der spirituellen Ebene des ewigen Lebens, der grenzenlosen Glückseligkeit und des vollkommenen Wissens beständige Erleichterung erfahren.

In der *Bhagavad-gītā* (7.23) wird gesagt, dass die Verehrer der Halbgötter zu den Planeten der Halbgötter gelangen können. Zum Beispiel können die Verehrer des Mondes zum Mond gelangen, die der Sonne zur Sonne und so fort. Die heutigen Wissenschaftler versuchen, mit Hilfe von Raketen zum Mond zu gelangen, doch dies ist gar kein so neues Unterfangen. Durch sein entwickeltes Bewusstsein besitzt der Mensch seit jeher die natürliche Neigung, durch das Weltall zu reisen und andere Planeten zu besuchen – entweder mit Hilfe von Raumschiffen, mystischen Kräften oder durch die Verehrung der Halbgötter. Aus den vedischen Schriften erfahren wir, dass man auf jedem dieser drei Wege andere Planeten erreichen kann, doch der gewöhnliche Weg ist die Verehrung des Halbgottes, der über den jeweiligen Planeten gebietet. Auf diese Weise kann man zur Sonne, zum Mond und sogar nach Brahmaloka gelangen, dem höchsten Planeten in unserem Universum. Alle Planeten im materiellen Universum sind indes nur vorübergehende Aufenthaltsorte; die einzigen beständigen Planeten sind die Vaikuṇṭhalokas. Diese ewigen Planeten schweben im spirituellen Himmel, und der Höchste Persönliche Gott selbst ist dort der Herrscher. In der *Bhagavad-gītā* (8.16) erklärt Śrī Kṛṣṇa:

ā-brahma-bhuvanāl lokāḥ
punar āvartino 'rjuna
mām upetya tu kaunteya
punar janma na vidyate

„Alle Planeten in der materiellen Welt – vom höchsten bis hinab zum niedrigsten – sind Orte des Leids, an denen Geburt und Tod sich wiederholen. Wer jedoch in Mein Reich gelangt, o Sohn Kuntīs, wird niemals wieder geboren."

Die *Śrī Īśopaniṣad* weist darauf hin, dass jemand, der die Halbgötter anbetet und auf ihren jeweiligen Planeten gelangt, noch immer im finstersten Bereich des Universums verbleibt. Das gesamte Universum wird von einer gigantischen, aus den materiellen Elementen bestehenden Hülle umschlossen. Es gleicht einer Kokosnuss, die von einer Schale umgeben und zur Hälfte mit Wasser gefüllt ist. Da das Universum nach außen hin luftdicht verschlossen ist, herrscht im Innern tiefe Finsternis, sodass Sonne und Mond zur Beleuchtung nötig sind. Außerhalb des Universums erstreckt sich das unendliche *brahmajyoti*, in welchem zahllose Vaikuṇṭhalokas schweben. Der höchste Planet im *brahmajyoti* ist Kṛṣṇaloka, Goloka Vṛndāvana, das Reich des Höchsten Persönlichen Gottes, Śrī Kṛṣṇas. Kṛṣṇa verlässt niemals Kṛṣṇaloka, und obwohl Er dort mit Seinen ewigen Gefährten weilt, ist Er sowohl in der materiellen als auch in der spirituellen Welt allgegenwärtig. Diese Tatsache wurde bereits im vierten Mantra der *Śrī Īśopaniṣad* erklärt. Der Herr ist – wie die Sonne – überall gegenwärtig, obwohl Er stets an einem Ort weilt, ebenso wie die Sonne von ihrer Bahn nie abweicht.

Die Probleme des Lebens können nicht dadurch gelöst werden, dass man zum Mond oder einem anderen Planeten gelangt, sei dieser nun höher oder niedriger gelegen als der Mond. Deshalb rät uns die *Śrī Īśopaniṣad,* nach keinem Ziel im finsteren materiellen Universum zu trachten, sondern den Versuch zu unternehmen, die materielle Welt hinter uns zu lassen und in das strahlende Reich Gottes zu gelangen. Es gibt viele pseudoreligiöse Menschen, die sich der Religion nur zuwenden, um sich einen Namen zu machen. Solche Frömmler haben nicht wirklich den Wunsch, aus dem Universum herauszukommen und den spirituellen Himmel zu erreichen. Unter dem Deckmantel der Gottesverehrung wollen sie nur ihren Status quo in der materiellen Welt erhalten. Die Atheisten und die Vertreter des Unpersönlichen führen solche törichten, pseudoreligiösen Menschen in die finstersten Bereiche, indem sie den Kult des Atheismus predigen. Der Atheist verneint offen die Existenz des Höchsten Persönlichen Gottes, und die Unpersönlichkeitsphilosophen unterstützen die Atheisten, indem sie die Aufmerksamkeit auf den unpersönlichen Aspekt des Höchsten Herrn lenken. Bisher ist uns in der *Śrī Īśopaniṣad* noch kein *mantra* begegnet, das den Höchsten Herrn verneint hätte. Es heißt, dass Er schneller laufen kann als jeder andere. Diejenigen, die anderen Planeten „nachlaufen“, sind zweifellos Personen, und wenn der Herr schneller laufen kann als sie alle, wie kann Er dann unpersönlich sein? Die unpersönliche Auffassung vom Höchsten Herrn ist eine weitere Form der Unwissenheit, die einem unvollkommenen Verständnis von der Absoluten Wahrheit entspringt.

Die unwissenden, pseudoreligiösen Menschen und die Erfinder so genannter Inkarnationen, die unmittelbar gegen die vedischen Unterweisungen verstoßen, sind daher dazu verurteilt, in den finstersten Bereich des Universums einzugehen, da sie ihre Anhänger in die Irre führen. Solche Unpersönlichkeitsanhänger geben sich im Allgemeinen gegenüber unwissenden Menschen, die keine Kenntnis von der vedischen Weisheit haben, gern selbst als Inkarnationen Gottes aus. Wenn solche Narren überhaupt Wissen besitzen, ist es in ihren Händen gefährlicher als gewöhnliche Unwissenheit. Sie verehren nicht einmal die Halbgötter, wie es in den Schriften empfohlen wird. In den Schriften wird empfohlen, unter gewissen Umständen die Halbgötter zu verehren, doch zugleich heißt es dort auch, dass dies für gewöhnlich nicht nötig ist. In der *Bhagavad-gītā* (7.23) finden wir die eindeutige Aussage, dass die Ergebnisse der Halbgötterverehrung nicht beständig sind. Da das gesamte Universum vergänglich ist, ist auch alles innerhalb der Finsternis des materiellen Daseins Erreichte nicht von Dauer. Die Frage ist also, wie man wahres, ewiges Leben erreicht.

Der Herr versichert, dass man in dem Augenblick, wo man Ihn durch hingebungsvollen Dienst erreicht – der einzige Weg, sich dem Höchsten Persönlichen Gott zu nähern – von der Knechtschaft der Geburten und Tode völlig frei wird. Der Pfad der Erlösung aus der materiellen Gefangenschaft ist also völlig von dem Wissen und der Loslösung abhängig, die man durch den Dienst für den Herrn erlangt. Die pseudoreligiösen Menschen besitzen weder Wissen noch sind sie imstande, sich von materiellen Dingen zu lösen; die meisten von ihnen wollen unter dem Deckmantel altruistischer und philanthropischer Tätigkeiten und im Namen so genannter Religiosität weiter in den goldenen Ketten materieller Versklavung leben. Durch vorgetäuschte religiöse Gefühlsregungen stellen sie hingebungsvollen Dienst zur Schau, während sie gleichzeitig allen nur denkbaren unmoralischen Tätigkeiten nachgehen. Auf diese Weise präsentieren sie sich als spirituelle Meister und Geweihte Gottes. Solche Frevler gegen die Grundsätze der Religion haben keine Achtung vor den bevollmächtigten *ācāryas,* den heiligen Lehrern in der strikten Schülernachfolge. Sie missachten die vedische Anweisung *ācāryopāsanam* – „Man muss den *ācārya* ehren" – und Kṛṣṇas Aussage in der *Bhagavad-gītā* (4.2): *evaṁ paramparā prāptam.* „Dieses erhabenste Wissen über Gott wurde durch die Schülernachfolge empfangen." Um die Menschen in die Irre zu führen, werden sie stattdessen selbst zu so genannten *ācāryas*, ohne jedoch den Grundsätzen der echten *ācāryas* zu folgen.

Solche Schurken sind die gefährlichsten Elemente in der menschlichen Gesellschaft, und weil es keine religiösen Regierungen gibt, entgehen sie ihrer gerechten Strafe. Sie können jedoch nicht das Gesetz des Höchsten umgehen, der in der *Bhagavad-gītā* (16.19–20) eindeutig erklärt, dass von Neid erfüllte Dämonen im Gewand religiöser Propagandisten in die finstersten Bereiche der Hölle geworfen werden. Die *Śrī Īśopaniṣad* bestätigt, dass diese Frömmler nach Beendigung ihres Geschäfts mit der Spiritualität, das sie nur um der Befriedigung ihrer Sinne willen betreiben, den abscheulichsten Orten im Universum entgegenstreben.

Dreizehntes Mantra

अन्यदेवाहुः सम्भवादन्यदाहुरसम्भवात् ।
इति शुश्रुम धीराणां ये नस्तद्विचचक्षिरे ॥

anyad evāhuḥ sambhavād
anyad āhur asambhavāt
iti śuśruma dhīrāṇāṁ
ye nas tad vicacakṣire

anyat – von anderer Art; *eva* – gewiss; *āhuḥ* – es heißt; *sambhavāt* – durch die Verehrung des Höchsten Herrn, der Ursache aller Ursachen; *anyat* – von anderer Art; *āhuḥ* – es heißt; *asambhavāt* – durch Verehrung des Nichthöchsten; *iti* – so; *śuśruma* – ich hörte es; *dhīrāṇām* – von den weisen Autoritäten; *ye* – die; *naḥ* – uns; *tat* – diese Dinge; *vicacakṣire* – unmissverständlich erklärten.

Es wird gesagt, dass die Verehrung der höchsten Ursache aller Ursachen ein anderes Ergebnis hervorbringt als die Verehrung des Nichthöchsten. All dies wurde von großen Meistern vernommen, die in der Transzendenz verankert waren und es unmissverständlich erklärten.

ERLÄUTERUNG: Das System des Hörens von erleuchteten, in der Transzendenz verankerten Meistern wird in diesem *mantra* bestätigt.

Ohne von einem echten *ācārya* zu hören, den der ständige Wandel der materiellen Welt nicht verwirrt, kann man nicht den wahren Schlüssel zu transzendentalem Wissen in den Händen halten. Der echte spirituelle Meister, der die *śruti-mantras* (das vedische Wissen) wiederum von seinem erleuchteten *ācārya* hörte, erfindet oder verkündet niemals etwas, was nicht in den vedischen Schriften belegt ist.

In der *Bhagavad-gītā* (9.25) heißt es eindeutig, dass die Verehrer der *pitṛs* (Ahnen) auf die Planeten der Ahnen gelangen und dass die Materialisten, die für ihren Aufenthalt auf der Erde Pläne schmieden, wieder in diese Welt kommen. Die Geweihten des Herrn hingegen, die niemanden außer Kṛṣṇa, der höchsten Ursache aller Ursachen, verehren, gehen zu Ihm in Sein Reich im spirituellen Himmel.

Auch hier in der *Śrī Īśopaniṣad* wird bestätigt, dass verschiedene Arten der Verehrung zu unterschiedlichen Ergebnissen führen. Wenn wir den Höchsten Herrn verehren, werden wir gewiss zu Ihm in Sein ewiges Reich gelangen; wenn wir Halbgötter wie den Sonnen- oder Mondgott verehren, können wir ohne Zweifel deren Planeten erreichen. Und wenn wir auf unserem elenden Planeten mit seinen Planungsausschüssen und politischen Notlösungen bleiben wollen, können wir dies zweifellos ebenfalls tun.

In den authentischen Schriften heißt es nirgends, dass alle letztlich das gleiche Ziel erreichen, ganz gleich was sie tun oder wen sie verehren. Solche törichten Theorien werden von selbsternannten „Meistern" angeboten, die keine Verbindung zur *paramparā,* der echten Schülernachfolge, haben. Der echte spirituelle Meister wird niemals sagen, dass alle Pfade zum gleichen Ziel führen und dass jeder dieses Ziel durch seine eigene Art der Verehrung erreichen kann – ganz gleich ob er die Halbgötter verehrt oder das Absolute Höchste oder was auch immer. Es ist leicht zu verstehen, dass jemand bei einer Bahnfahrt sein Ziel nur dann erreichen kann, wenn er die entsprechende Fahrkarte gelöst hat. Wer eine Fahrkarte nach Kalkutta gekauft hat, kann nach Kalkutta fahren, aber nicht nach Bombay. So genannte Meister jedoch behaupten, mit jeder beliebigen Fahrkarte komme man zum höchsten Ziel. Solche weltlichen Angebote klingen für viele törichte Menschen, die sich auf ihre selbst gemachten Methoden spiritueller Erkenntnis etwas einbilden, sehr verlockend. Die Unterweisungen der Veden unterstützen solche Vorstellungen jedoch nicht. Ohne seine Erkenntnisse von einem echten spirituellen Meister empfangen zu haben, der einer anerkannten Schülernachfolge angehört, kann man kein wahres Wissen erlangen. Kṛṣṇa sagt zu Arjuna in der *Bhagavad-gītā* (4.2):

evaṁ paramparā-prāptam
imaṁ rājarṣayo viduḥ
sa kāleneha mahatā
yogo naṣṭaḥ parantapa

„Dieses höchste Wissen wurde so durch die Nachfolge der spirituellen Meister empfangen, und die heiligen Könige verstanden es auf diese Weise. Doch im Laufe der Zeit wurde die Nachfolge unterbrochen, und daher scheint das Wissen, wie es ist, verloren zu sein."

Als Śrī Kṛṣṇa auf der Erde weilte, waren die in der *Bhagavad-gītā* dargelegten Grundsätze des *bhakti-yoga* verdreht worden, und so musste der Herr das System der Schülernachfolge wiederherstellen, angefangen mit Arjuna, dem vertraulichsten Freund und Geweihten des Herrn. Der Herr machte Arjuna klar, dass er die Prinzipien der *Bhagavad-gītā* verstehen könne, weil er Sein Geweihter und Freund sei (Bg. 4.3). Niemand kann also die Prinzipien der *Bhagavad-gītā* verstehen, ohne ein Geweihter und Freund des Herrn zu sein. Dies bedeutet auch, dass nur derjenige, der Arjuna nachfolgt, die *Bhagavad-gītā* zu verstehen vermag.

In der heutigen Zeit gibt es viele Interpreten und Übersetzer dieses erhabenen Zwiegesprächs, denen Śrī Kṛṣṇa und Arjuna völlig egal sind. Sie legen die Verse der *Bhagavad-gītā* auf ihre eigene Weise aus und vertreten im Namen der *Gītā* allen nur denkbaren Unsinn. Solche Menschen glauben weder an Śrī Kṛṣṇa noch an Sein ewiges Reich. Wie können sie dann die *Bhagavad-gītā* erklären?

Kṛṣṇa sagt eindeutig, dass nur diejenigen, die von Sinnen sind, die Halbgötter verehren und dass ihre Belohung kümmerlich ist (Bg. 7.20, 23). Letztlich rät Kṛṣṇa dazu (Bg. 18.66), alle anderen Arten der Verehrung aufzugeben und sich allein Ihm völlig zu ergeben. Nur Menschen, die von allen sündhaften Reaktionen geläutert sind, können solch einen festen Glauben an den Höchsten Herrn besitzen. Andere werden mit ihren unvollkommenen Arten der Verehrung weiter auf der materiellen

Ebene bleiben und werden so unter dem falschen Eindruck, alle Wege führten zum gleichen Ziel, vom richtigen Pfad abgebracht.

In diesem *mantra* der *Śrī Īśopaniṣad* ist das Wort *sambhavāt* („durch die Verehrung der höchsten Ursache") von besonderer Bedeutung. Der Herr, Śrī Kṛṣṇa, ist der ursprüngliche Persönliche Gott, und alles Bestehende ist von Ihm ausgegangen. In der *Bhagavad-gītā* (10.8) erklärt der Herr:

ahaṁ sarvasya prabhavo
mattaḥ sarvaṁ pravartate
iti matvā bhajante māṁ
budhā bhāva-samanvitāḥ

„Ich bin der Ursprung aller spirituellen und materiellen Welten. Alles geht von Mir aus. Die Weisen, die dies vollkommen verstanden haben, beschäftigen sich in Meinem hingebungsvollen Dienst und verehren Mich von ganzem Herzen."

Dies ist eine korrekte Beschreibung des Höchsten Herrn, die von Ihm selbst stammt. Die Worte *sarvasya prabhavaḥ* bedeuten, dass Kṛṣṇa der Schöpfer eines jeden ist – also auch der Brahmās, Viṣṇus und Śivas. Weil diese drei Hauptgottheiten der materiellen Welt vom Herrn geschaffen sind, ist Er der Schöpfer aller Dinge in den materiellen und spirituellen Welten. Im *Atharva Veda* (*Gopāla-tāpani Upaniṣad* 1.24) heißt es in ähnlicher Weise: „Er, der vor der Erschaffung Brahmās existierte und Brahmā mit vedischem Wissen erleuchtet, ist Śrī Kṛṣṇa." Ferner erfahren wir aus der *Nārāyaṇa Upaniṣad* (1): „Die Höchste Person hatte den Wunsch, Lebewesen zu erschaffen, und so erschuf Nārāyaṇa alle Lebewesen. Von Nārāyaṇa wurde Brahmā geboren. Nārāyaṇa erschuf alle Prajāpatis. Nārāyaṇa erschuf Indra. Nārāyaṇa erschuf die acht Vasus. Nārāyaṇa erschuf die elf Rudras, und Nārāyaṇa erschuf die zwölf Ādityas." Da Nārāyaṇa eine vollständige Erweiterung Śrī Kṛṣṇas ist, sind Nārāyaṇa und Kṛṣṇa ein und derselbe. Die *Nārāyaṇa Upaniṣad* (4) erklärt außerdem: „Devakīs Sohn [Kṛṣṇa] ist der Höchste Herr." Nārāyaṇas Identität mit der letzten Ursache wurde selbst von Śrīpāda Śaṅkarācārya anerkannt und bestätigt, obwohl dieser kein Vaiṣṇava (Anhänger des Persönlichen) war. Im *Atharva Veda* (*Mahā Upaniṣad* 1) heißt es weiterhin: „Allein

Nārāyaṇa existierte am Anfang, als es weder Brahmā noch Śiva noch Feuer, Wasser, Sterne, Sonne oder Mond gab. Der Herr bleibt nicht allein, sondern erschafft nach Seinem Willen." Im *Mokṣa-dharma* sagt Kṛṣṇa: „Ich erschuf die Prajāpatis und die Rudras. Sie verfügen über kein umfassendes Wissen von Mir, weil sie von Meiner verblendenden Energie bedeckt sind." Im *Varāha Purāṇa* kann man lesen: „Nārāyaṇa ist der Höchste Persönliche Gott, und von Ihm kamen der vierköpfige Brahmā und Rudra, der später allwissend wurde."

Alle vedischen Schriften bestätigen also, dass Nārāyaṇa, Kṛṣṇa, die Ursache aller Ursachen ist. Auch in der *Brahma-saṁhitā* (5.1) heißt es: „Der Höchste Herr ist Śrī Kṛṣṇa, Govinda, die Freude aller Lebewesen und die Ursache aller Ursachen." Ein wahrhaft gelehrter Mensch wird dies anhand der von den großen Weisen und den in den Veden gegebenen Zeugnissen erkennen und so den Entschluss fassen, Śrī Kṛṣṇa als sein Ein und Alles zu verehren. Solche Menschen bezeichnet man als *budha,* wahrhaft gelehrt, da sie nur noch Kṛṣṇa verehren.

Diese Überzeugung gewinnt man, wenn man die transzendentale Botschaft von einem erleuchteten *ācārya* mit Glauben und Liebe hört. Wer keinen Glauben an und keine Liebe zu Śrī Kṛṣṇa besitzt, kann von dieser einfachen Wahrheit nicht überzeugt sein. Die Ungläubigen werden in der *Bhagavad-gītā* (9.11) als *mūḍhas*, als Narren oder Esel, bezeichnet. Es heißt, dass die *mūḍhas* den Höchsten Persönlichen Gott verlachen, weil sie kein umfassendes Wissen von dem erleuchteten *ācārya* empfangen haben, der von aller Verwirrung frei ist. Wer durch den Sog der materiellen Energie in Verwirrung gerät, ist nicht befähigt, *ācārya* zu werden.

Bevor Arjuna die *Bhagavad-gītā* hörte, war er durch diesen Sog – seine Zuneigung zu Familie, Gesellschaft usw. – in Verwirrung geraten. Folglich wollte Arjuna ein philanthropischer, gewaltloser Mensch werden. Als er jedoch das vedische Wissen der *Bhagavad-gītā* von der Höchsten Person vernahm und dadurch *budha* wurde, änderte er seinen Entschluss und wurde zu einem Verehrer Śrī Kṛṣṇas, der die Schlacht von Kurukṣetra selbst in die Wege geleitet hatte. Arjuna verehrte den Herrn, indem er mit seinen so genannten Verwandten kämpfte. So wurde er zu einem reinen Geweihten des Herrn. Etwas Derartiges ist nur möglich, wenn man den wirklichen Kṛṣṇa verehrt und nicht einen von törichten Menschen fabrizierten „Kṛṣṇa“, die keinerlei Kenntnis von der Komplexität der Wissenschaft von Kṛṣṇa haben, wie sie in der *Bhagavad-gītā* und im *Śrīmad-Bhāgavatam* beschrieben wird.

Laut *Vedānta-sūtra* ist *sambhūta* der Ursprung von Geburt und Erhaltung sowie die Ursubstanz, die nach der Vernichtung übrig bleibt *(janmādy asya yataḥ)*. Das *Śrīmad-Bhāgavatam*, der natürliche Kommentar zum *Vedānta-sūtra* vom gleichen Verfasser, erklärt, dass der Ursprung aller Emanationen nicht wie ein toter Stein, sondern *abhijña*, voller Bewusstsein, ist (*Bhāg.* 1.1.1). Der uranfängliche Herr, Śrī Kṛṣṇa, sagt in der *Bhagavad-gītā* (7.26) ebenfalls, dass Er sich der Vergangenheit, der Gegenwart und der Zukunft voll bewusst ist, dass aber niemand, nicht einmal Halbgötter wie Śiva und Brahmā, Ihn in Seiner ganzen Fülle kennt. Es ist klar, dass halbgebildete „spirituelle Meister“, die durch die Wandlungen des materiellen Daseins verwirrt sind, Ihn nicht in Seiner ganzen Fülle kennen können. Sie versuchen, einen Kompromiss zu schließen und die gesamte Menschheit zum Objekt der Verehrung zu machen, doch eine solche Verehrung ist nichts weiter als Augenwischerei, denn die Massen sind unvollkommen. Der Versuch dieser so genannten spirituellen Meister gleicht dem Bewässern der Blätter eines Baumes statt der Wurzel. Der natürliche Vorgang besteht darin, die Wurzel zu begießen, doch die verwirrten Oberhäupter der heutigen Regierungen schenken den Blättern mehr Beachtung als der Wurzel. Obwohl sie die Blätter ständig bewässern, vertrocknet daher alles aus Mangel an Nahrung.

Die *Śrī Īśopaniṣad* rät uns, Wasser auf die Wurzel, den Ursprung allen Keimens, zu gießen. Die Verehrung der Menschheit durch Dienst auf der körperlichen Ebene, der nie vollkommen sein kann, ist weniger wichtig als Dienst an der Seele. Die Seele ist die Wurzel, aus der dem Gesetz des *karma* gemäß verschiedene Arten von Körpern erwachsen. Menschen durch ärztliche Versorgung, Sozialhilfe und Bildungsmöglichkeiten zu dienen, während man gleichzeitig unschuldigen Tieren in Schlachthöfen die Kehle durchschneidet, ist alles andere als Dienst an der Seele, dem Lebewesen.

Das Lebewesen leidet in verschiedenen Arten von Körpern unaufhörlich an der materiellen Krankheit in Form von Geburt, Alter, Krankheit und Tod. Das menschliche Leben bietet eine Gelegenheit, sich aus dieser Verstrickung ins materielle Dasein zu lösen, indem man die verlorene Beziehung zum Höchsten Herrn wiederherstellt. Der Herr kommt persönlich, um diese Philosophie der Hingabe an den Höchsten, den *sambhūta,* zu lehren. Einen wirklichen Dienst leistet man der Menschheit, wenn man sie lehrt, sich dem Höchsten Herrn zu ergeben und Ihn mit aller Liebe und Energie zu verehren. So lautet die Unterweisung der *Śrī Īśopaniṣad* in diesem *mantra.*

Der einfache Weg der Verehrung des Höchsten Herrn im gegenwärtigen Zeitalter der Verwirrung besteht im Hören und Lobpreisen Seiner großartigen Taten und Spiele. Diejenigen, die gedanklicher Spekulation nachgehen, denken jedoch, die Taten und Spiele des Herrn seien Einbildung, und daher wollen sie nichts von ihnen hören, sondern erfinden Wortspielereien ohne jede Substanz, um die Aufmerksamkeit der unschuldigen Menschen abzulenken. Statt über die Taten Śrī Kṛṣṇas zu hören, werben solche falschen spirituellen Meister für sich selbst, indem sie ihre Anhänger dazu bringen, sie selbst zu verherrlichen. In der heutigen Zeit ist die Zahl solcher Betrüger beträchtlich gestiegen, und es ist für die Geweihten des Herrn zu einem Problem geworden, die Menschen vor der gottlosen Propaganda dieser Heuchler und falschen Inkarnationen zu bewahren.

Die Upaniṣaden lenken unser Augenmerk nur indirekt auf den ursprünglichen Herrn Śrī Kṛṣṇa, doch die *Bhagavad-gītā*, die Zusammenfassung aller Upaniṣaden, deutet unmittelbar auf Śrī Kṛṣṇa hin. Daher sollte man über Kṛṣṇa hören, wie Er ist, indem man aus der *Bhagavad-gītā* oder dem *Śrīmad-Bhāgavatam* hört. So wird der Geist allmählich von allen Unreinheiten geläutert. Im *Śrīmad-Bhāgavatam* (1.2.17) heißt es: „Wenn ein Gottgeweihter von den Taten und Spielen des Herrn hört, lenkt er die Aufmerksamkeit des Herrn auf sich, und dann hilft der Herr, der im Herzen eines jeden weilt, dem Gottgeweihten, indem Er ihm geeignete Anweisungen gibt." Auch die *Bhagavad-gītā* (10.10) bestätigt dies: *dadāmi buddhi-yogaṁ taṁ yena māṁ upayānti te.*

Die Unterweisungen, die der Herr von innen her erteilt, läutern das Herz des Gottgeweihten von aller durch die Erscheinungsweisen der Leidenschaft und Unwissenheit hervorgerufenen Unreinheit. Nichtgottgeweihte unterstehen der Herrschaft von Leidenschaft und Unwissenheit. Wer unter dem Einfluss der Leidenschaft steht, kann sich nicht von der Begierde nach materiellen Dingen lösen, und wer von Unwissenheit beeinflusst ist, kann weder erkennen, wer er selbst noch wer der Herr ist. Unter der Herrschaft von Leidenschaft oder Unwissenheit besteht also keine Aussicht auf Selbsterkenntnis, auch wenn man noch so gut die Rolle eines religiösen Menschen spielt. Für einen Gottgeweihten wird der Einfluss der Erscheinungsweisen der Leidenschaft und Unwissenheit durch die Gnade des Herrn aufgehoben, und so erwirbt er die Eigenschaft der Tugend, das Merkmal eines vollkommenen *brāhmaṇa*. Jeder kann sich als *brāhmaṇa* qualifizieren, vorausgesetzt, dass er dem Pfad des hingebungsvollen Dienstes unter der Führung eines echten spirituellen Meisters folgt. Im *Śrīmad-Bhāgavatam* (2.4.18) heißt es:

kirāta-hūṇāndhra-pulinda-pulkaśā
ābhīra-śumbhā yavanāḥ khasādayaḥ
ye 'nye ca pāpā yad-apāśrayāśrayāḥ
śudhyanti tasmai prabhaviṣṇave namaḥ

Jedes Lebewesen von niederer Herkunft kann durch die Führung eines reinen Geweihten des Herrn geläutert werden, denn der Herr ist außerordentlich mächtig.

Wer brahmanische Eigenschaften erwirbt, wird glücklich und wird mit Begeisterung dem Herrn in Hingabe dienen wollen. Dann wird ihm die Gotteswissenschaft von selbst offenbart. Wenn er die Gotteswissenschaft kennt, wird er allmählich von seinen materiellen Neigungen frei, und sein zweifelnder Geist wird durch die Gnade des Herrn kristallklar. Wenn jemand diese Stufe erreicht, ist er eine befreite Seele und kann den Herrn in jeder Lebensphase wahrnehmen. Dies ist die Vollendung von *sambhava,* wie es in diesem *mantra* der *Śrī Īśopaniṣad* beschrieben wird.

Vierzehntes Mantra

सम्भूतिं च विनाशं च यस्तद्वेदोभयँ सह ।
विनाशेन मृत्युं तीर्त्वा सम्भूत्यामृतमश्नुते ॥

sambhūtiṁ ca vināśaṁ ca
yas tad vedobhayaṁ saha
vināśena mṛtyuṁ tīrtvā
sambhūtyāmṛtam aśnute

sambhūtim – der ewige Persönliche Gott, Sein transzendentaler Name, Seine Gestalt, Seine Spiele, Eigenschaften, Paraphernalien, die Vielfalt Seines Reiches usw.; *ca* – und; *vināśam* – die vergängliche materielle Schöpfung mit ihren Halbgöttern, Menschen, Tieren usw. sowie deren falschen Namen, falschem Ruhm usw.; *ca* – auch; *yaḥ* – jemand, der; *tat* – dieses; *veda* – kennt; *ubhayam* – beides; *saha* – zusammen mit; *vināśena* – mit allem Vergänglichen; *mṛtyum* – Tod; *tīrtvā* – überwindend; *sambhūtyā* – im ewigen Reich Gottes; *amṛtam* – Unsterblichkeit; *aśnute* – genießt.

Man soll vollkommene Kenntnis besitzen vom Persönlichen Gott Śrī Kṛṣṇa und Seinem transzendentalen Namen, Seiner Gestalt, Seinen Eigenschaften und Spielen sowie der vergänglichen materiellen Schöpfung mit ihren Halbgöttern, Menschen und Tieren. Wenn man

all dies kennt, überwindet man den Tod und mit ihm die vergängliche kosmische Schöpfung. Dann genießt man im ewigen Reich Gottes sein ewiges Leben der Glückseligkeit und Erkenntnis.

ERLÄUTERUNG: Die menschliche Zivilisation hat durch ihren so genannten Fortschritt im Wissen viele materielle Dinge, wie nicht zuletzt Raumschiffe und die Atomenergie, hervorgebracht, doch ist es ihr nicht gelungen, Bedingungen zu schaffen, unter denen der Mensch nicht zu sterben braucht, nicht wiedergeboren wird, nicht altert und nicht an Krankheiten leidet. Wenn ein intelligenter Mensch einen so genannten Wissenschaftler fragt, warum dies noch nicht erreicht worden ist, antwortet der Wissenschaftler sehr raffiniert, die materielle Wissenschaft mache Fortschritte und es werde letztlich möglich sein, den Menschen unsterblich zu machen und von Alter und Krankheit zu befreien. Solche Antworten beweisen, dass die Wissenschaftler sich über das Wesen der materiellen Natur in völliger Unwissenheit befinden. In der materiellen Natur untersteht alles den strengen Gesetzen der Materie und muss sechs Stufen der Existenz durchlaufen: Geburt, Wachstum, Beständigkeit, Fortpflanzung, Verfall und schließlich Tod. Nichts, was mit der materiellen Natur in Verbindung ist, kann über diesen sechs Gesetzen des Wandels stehen, und daher kann niemand – ob Halbgott, Mensch, Tier oder Pflanze – in der materiellen Welt ewig leben.

Die Lebensdauer unterscheidet sich von Lebensart zu Lebensart. Brahmā, das höchste Lebewesen im materiellen Universum, lebt Millionen und Abermillionen von Jahren, wohingegen eine winzige Bakterie vielleicht nur ein paar Stunden lebt. Doch niemand in der materiellen Welt kann ewig leben. Die Körper der Lebewesen werden unter bestimmten Bedingungen geschaffen oder geboren, wachsen heran, bleiben eine Zeit lang bestehen, pflanzen sich fort, siechen dahin und sterben schließlich. Durch dieses Gesetz sind selbst Brahmās, die es in den Millionen von Universen zu Millionen gibt, heute oder morgen dem Tod unterworfen. Aus diesem Grund wird die materielle Welt Mṛtyuloka, Ort des Todes, genannt.

Materialistische Wissenschaftler und Politiker kämpfen gegen den Tod in dieser Welt an, weil sie aufgrund ihrer Unkenntnis der vedischen Schriften nichts von der unsterblichen spirituellen Natur wissen. Die vedischen Schriften enthalten umfassendes Wissen, das durch transzendentale Erfahrung gereift ist, doch leider lehnt es der moderne Mensch ab, Wissen aus den Veden, den Purāṇas und anderen Schriften zu empfangen.

Im *Viṣṇu Purāṇa* (6.7.61) finden wir die folgende Aussage:

viṣṇu-śaktiḥ parā proktā
kṣetrajñākhyā tathā parā
avidyā-karma-saṁjñānyā
tṛtīya śaktir iṣyate

Śrī Viṣṇu, der Persönliche Gott, verfügt über verschiedene Energien: *parā* (die höhere Energie) und *aparā* (die niedere Energie). Die Lebewesen sind die höhere Energie. Die materielle Energie, in der wir gegenwärtig gefangen sind, ist die niedere Energie. Die materielle Schöpfung wird durch diese Energie ermöglicht, die die Lebewesen mit Unwissenheit *(avidyā)* bedeckt und sie dazu anregt, nach den Früchten des *karma* zu streben. Es gibt jedoch noch eine andere höhere Energie, die sowohl von der materiellen, niederen Energie als auch von den Lebewesen verschieden ist. Aus dieser höheren Energie besteht die ewige Schöpfung des Herrn, die frei vom Tod ist. Dies wird in der *Bhagavad-gītā* (8.20) bestätigt:

paras tasmāt tu bhāvo 'nyo
'vyakto 'vyaktāt sanātanaḥ
yaḥ sa sarveṣu bhūteṣu
naśyatsu na vinaśyati

Die materiellen Planeten – die oberen, unteren und mittleren (auch Sonne, Mond und Venus) – sind über das ganze Universum verstreut. Diese Planeten bestehen nur während Brahmās Leben. Einige der unteren Planeten werden jedoch schon am Ende eines Tages in Brahmās Leben aufgelöst und am nächsten Tag erneut erschaffen. Auf den oberen Planeten ist die Zeitrechnung eine andere als auf der Erde. Eines unserer Jahre entspricht auf vielen oberen Planeten nur vierundzwanzig Stunden, d. h. einem Tag und einer Nacht. Die vier Erdzeitalter (Satya, Tretā, Dvāpara und Kali) dauern also nach der Zeitrechnung auf den oberen Planeten nur zwölftausend Jahre. Diese Zeit mit 1000 malgenommen ergibt einen Tag Brahmās. Seine Nacht währt ebenso lange. Brahmās Tage und Nächte summieren sich zu Wochen, Monaten und Jahren, und Brahmā lebt einhundert solcher Jahre. Am Ende von Brahmās Leben wird das gesamte Universum aufgelöst.

Die Lebewesen, die auf höheren Planeten wie der Sonne und dem Mond leben, sowie die Bewohner von Martyaloka (unsere Erde) und auch die Bewohner der niederen Planeten – sie alle werden in der Nacht Brahmās von den Wassern der Vernichtung verschlungen. Während dieser Zeit können die Lebewesen keinen physischen Körper annehmen, wenngleich sie in spiritueller Form weiter bestehen. Dieser unverkörperte Zustand wird als *avyakta* bezeichnet. Wenn dann am Ende von Brahmās Leben das gesamte Universum aufgelöst wird, folgt eine weitere Phase des *avyakta.* Jenseits dieser beiden unverkörperten Zustände gibt es jedoch einen weiteren Zustand des *avyakta,* in der das Lebewesen nicht materiell verkörpert ist, und zwar ist dies die spirituelle Sphäre, die spirituelle Welt. In jener Sphäre schweben unzählige spirituelle Planeten, die ewig bestehen – auch dann, wenn alle Planeten in unserem materiellen Universum am Ende von Brahmās Leben aufgelöst werden. Es gibt zahlreiche materielle Universen, von denen jedes einzelne der Herrschaft eines Brahmā untersteht, und die gesamte kosmische Schöpfung mit all ihren Universen und Brahmās ist nicht mehr als ein Viertel der Energie des Herrn *(ekapād-vibhūti).* Dies alles ist die niedere Energie. Jenseits dieses Bereichs liegt die spirituelle Welt, die man als *tripād-vibhūti,* „drei Viertel der Energie des Herrn", bezeichnet. Dies ist die höhere Energie, *parā prakṛti.*

Der höchste Herrscher in der spirituellen Welt ist Śrī Kṛṣṇa. Wie in der *Bhagavad-gītā* (8.22) bestätigt wird, kann man sich Ihm nur durch reinen hingebungsvollen Dienst nähern; nicht durch *jñāna* (Philosophie), *yoga* (Mystik) oder *karma* (materiell erhebende Handlungen wie bestimmte Arten von Opfern). Die *karmīs,* d. h. diejenigen, die sich dem Pfad des *karma-yoga* widmen, können sich zu den Svargaloka-Planeten, wie der Sonne und dem Mond, erheben. *Jñānīs* und *yogīs* können noch höhere Planeten, wie Maharloka, Tapoloka oder Brahmaloka, erreichen, und wenn sie sich durch hingebungsvollen Dienst noch weiter qualifizieren, bekommen sie sogar Einlass in die spirituelle Welt.

Je nach ihrer Eignung können sie entweder in die leuchtende Sphäre des spirituellen Himmels, des Brahman, eingehen oder auf einen der Vaikuṇṭha-Planeten gelangen. Es ist jedoch sicher, dass niemand die spirituellen Vaikuṇṭha-Planeten betreten kann, ohne im hingebungsvollen Dienst geschult zu sein.

Auf den materiellen Planeten versucht jedes Lebewesen – angefangen mit Brahmā bis hinab zur Ameise –, die materielle Natur zu beherrschen, und das ist die materielle Krankheit. Solange diese materielle Krankheit anhält, muss das Lebewesen immer wieder seinen Körper wechseln – als Mensch, Halbgott, Tier oder Pflanze –, und letztlich muss es während der beiden Vernichtungen – der Vernichtung während Brahmās Nacht und der Vernichtung am Ende von Brahmās Leben – den Zustand der Körperlosigkeit ertragen. Wenn wir diese Wiederholung von Geburt und Tod sowie die Begleiterscheinungen Alter und Krankheit beenden wollen, müssen wir versuchen, auf die spirituellen Planeten zu gelangen, wo wir ewiglich in der Gemeinschaft Śrī Kṛṣṇas oder Seiner vollständigen Teilerweiterungen, der Nārāyaṇa-Formen, leben können. Auf jedem dieser Planeten herrscht Kṛṣṇa in einer Seiner zahllosen vollständigen Teilerweiterungen – eine Tatsache, die auch in den *śruti-mantras* bestätigt wird: *eko vaśī sarva-gaḥ kṛṣṇa īḍyaḥ / eko 'pi san bahudhā yo 'vabhāti* (*Gopāla-tāpanī Upaniṣad* 1.3.21).

Niemand kann über Kṛṣṇa herrschen. Und jeder, der versucht, über die materielle Natur zu herrschen, wird als bedingte Seele bezeichnet, da er den Gesetzen der materiellen Natur unterliegt und die Qualen der wiederholten Geburten und Tode ertragen muss. Der Herr kommt zu uns, um die Prinzipien der Religion wiedereinzuführen, und das Grundprinzip besteht darin, Ihm gegenüber eine ergebene Haltung zu entwickeln. So lautet die letzte Anweisung des Herrn in der *Bhagavad-gītā* (18.66): *sarva-dharmān parityajya māṁ ekaṁ śaraṇaṁ vraja.* „Gib alle anderen Wege auf und ergib dich allein Mir." Leider jedoch haben verblendete Toren diese wichtigste Lehre falsch ausgelegt und die Menschen auf vielerlei Weise in die Irre geführt. Anstatt die Menschen zu lehren, nach echtem Wissen zu streben und sich durch hingebungsvollen Dienst in die spirituelle Welt zu erheben, wurden sie dazu angehalten, Krankenhäuser zu eröffnen. Ihnen ist beigebracht worden, sich einzig und allein darum zu kümmern, den Menschen vorübergehend Erleichterung zu verschaffen, doch solches Tun kann dem Lebewesen niemals wirkliches Glück verschaffen. Sie gründen eine Vielzahl öffentlicher und halbstaatlicher Einrichtungen, um der zerstörerischen Macht der Natur zu begegnen, wissen jedoch nicht, wie sie die unüberwindliche Natur bändigen sollen. Viele Menschen gelten als große Gelehrte der *Bhagavad-gītā*, doch sie übersehen die Botschaft der *Gītā*, durch die der materiellen Natur der Stachel gezogen werden kann. Wie in der *Bhagavad-gītā* (7.14) klar gesagt wird, kann die mächtige Natur nur dann ihren Schrecken verlieren, wenn wir unser Gottesbewusstsein erwecken.

In diesem *mantra* lehrt uns die *Śrī Īśopaniṣad*, dass man sowohl den *sambhūti* (den Persönlichen Gott) als auch *vināśa* (die vergängliche materielle Schöpfung) vollkommen kennen muss. Wenn man nur die vergängliche materielle Schöpfung kennt, kann man sich nicht retten, denn durch den Lauf der Natur finden ständig Verwüstungen statt *(ahany ahani bhūtāni gacchantīha yamālayam)*. Niemand kann durch den Bau von Krankenhäusern vor diesen Verwüstungen bewahrt werden. Nur durch vollständiges Wissen vom ewigen Leben der Glückseligkeit und Erkenntnis kann man gerettet werden. Das gesamte vedische System ist darauf ausgerichtet, die Menschen in der Kunst zu erziehen, das ewige Leben zu erreichen. Oft werden die Menschen durch vergängliche Dinge verlockt, die der Befriedigung ihrer Sinne dienen, doch ist solcher Dienst an den Sinnesobjekten sowohl irreführend als auch erniedrigend.

Wir müssen daher uns selbst und unseren Nächsten auf richtige Weise retten. Es ist unerheblich, ob wir die Wahrheit mögen oder nicht. Sie ist so, wie sie ist. Wenn wir vor den wiederholten Geburten und Toden bewahrt werden wollen, müssen wir uns dem hingebungsvollen Dienst des Herrn zuwenden. Das ist der einzige Weg, und deshalb kann es hierin keinen Kompromiss geben.

Fünfzehntes Mantra

हिरण्मयेन पात्रेण सत्यस्यापिहितं मुखम् ।
तत्त्वं पूषन्नपावृणु सत्यधर्माय दृष्टये ॥

hiraṇmayena pātreṇa
satyasyāpihitaṁ mukham
tat tvaṁ pūṣann apāvṛṇu
satya-dharmāya dṛṣṭaye

hiraṇmayena – durch eine goldene Ausstrahlung; *pātreṇa* – durch eine leuchtende Verhüllung; *satyasya* – der Höchsten Wahrheit; *apihitam* – verhüllt; *mukham* – das Antlitz; *tat* – diese Verhüllung; *tvam* – Du selbst; *pūṣan* – o Erhalter; *apāvṛṇu* – entferne gütigerweise; *satya* – rein; *dharmāya* – dem Geweihten; *dṛṣṭaye* – um zu offenbaren.

O mein Herr, Erhalter allen Lebens, Dein Antlitz ist durch Deine leuchtende Ausstrahlung verhüllt. Bitte offenbare Dich Deinem reinen Geweihten.

ERLÄUTERUNG: In der *Bhagavad-gītā* (14.27) erklärt der Herr zu Seiner gleißenden persönlichen Ausstrahlung, dem *brahmajyoti*:

brahmaṇo hi pratiṣṭhāham
amṛtasyāvyayasya ca

śāśvatasya ca dharmasya
sukhasyaikāntikasya ca

„Ich bin der Ursprung des unpersönlichen Brahman, das unsterblich, unvergänglich und ewig ist und das der Urquell unversieglichen Glücks ist."

Brahman, Paramātmā und Bhagavān sind drei Aspekte ein und derselben Absoluten Wahrheit. Brahman ist der Aspekt, den der Anfänger am ehesten wahrnehmen kann; Paramātmā, die Überseele, wird von den weiter Fortgeschrittenen erkannt, und die Erkenntnis Bhagavāns ist die letzte Erkenntnis der Absoluten Wahrheit. Dies wird in der *Bhagavad-gītā* (7.7) bestätigt, wo der Herr sagt, dass Er der höchste Aspekt der Absoluten Wahrheit ist: *mattaḥ parataraṁ nānyat.* Kṛṣṇa ist folglich der Ursprung des *brahmajyoti* und auch der Ursprung des alldurchdringenden Paramātmā. Später in der *Bhagavad-gītā* (10.42) sagt Kṛṣṇa:

atha vā bahunaitena
kiṁ jñātena tavārjuna
viṣṭabhyāham idaṁ kṛtsnam
ekāṁśena sthito jagat

„Doch welchen Nutzen, o Arjuna, hat all dieses detaillierte Wissen? Mit einem winzigen Teil Meiner selbst durchdringe und erhalte Ich das gesamte Universum." Allein durch eine Seiner vollständigen Teilerweiterungen, den alldurchdringenden Paramātmā, erhält demnach der Herr die gesamte materielle kosmische Schöpfung. Auch erhält Er alles Existierende in der spirituellen Welt. Aus diesem Grunde wird der Herr hier im *śruti-mantra* der *Śrī Īśopaniṣad* als *pūṣan,* der Erhalter, angesprochen.

Der Höchste Persönliche Gott, Śrī Kṛṣṇa, ist immer von transzendentaler Glückseligkeit erfüllt *(ānandamayo 'bhyāsāt).* Als Er sich vor fünftausend Jahren in Vṛndāvana, Indien, aufhielt, blieb Er stets von transzendentaler Glückseligkeit erfüllt, auch schon während Seiner Kindheitsspiele, bei denen Er viele Dämonen tötete wie Pūtana, Agha, Baka und Pralamba. Solche Abenteuer bereiteten Ihm sogar Vergnügen. In Seinem Dorf Vṛndāvana vergnügte Er sich mit Seiner Mutter,

Seinem Bruder und Seinen Freunden, und als Er die Rolle eines ungezogenen Butterdiebes spielte, wurden alle Seine Gefährten durch Sein Stehlen von himmlischer Seligkeit erfüllt. Der Herr ist als Butterdieb berühmt, nicht berüchtigt. Wenn Er als Butterdieb bezeichnet wird, dann mit dem Verständnis, dass Er Seine reinen Geweihten durch solche Streiche mit Freude erfüllte. Was immer der Herr in Vṛndāvana tat, tat Er zur Freude Seiner Gefährten. Der Herr offenbarte solche Spiele, um all diejenigen zu sich hinzuziehen, die sich mit fruchtlosem Spekulieren und mit der Akrobatik des so genannten *haṭha-yoga* abgeben, um die Absolute Wahrheit zu finden.

Über die Kindheitsspiele des Herrn mit Seinen Gefährten, den Kuhhirtenknaben, sagt Śrīla Śukadeva Gosvāmī im *Śrīmad-Bhāgavatam* (10.12.11):

itthaṁ satāṁ brahma-sukhānubhūtyā
dāsyaṁ gatānāṁ para-daivatena
māyāśritānāṁ nara-dārakeṇa
sākaṁ vijahruḥ kṛta-puṇya-puñjāḥ

„Der Persönliche Gott, der von den *jñānīs* als das unpersönliche, glückselige Brahman wahrgenommen wird, den die Gottgeweihten in dienender Haltung als den Höchsten Herrn verehren und den weltliche Leute für einen gewöhnlichen Menschen halten, spielte mit den Kuhhirtenknaben, die nach vielen frommen Werken zu Seinen Gefährten geworden waren."

So widmet sich der Herr ständig transzendentalen liebevollen Spielen mit Seinen spirituellen Gefährten in den Beziehungen *śānta* (Neutralität), *dāsya* (Dienertum), *sakhya* (Freundschaft), *vātsalya* (elterliche Zuneigung) und *mādhurya* (amouröse Liebe).

Es heißt, dass Kṛṣṇa Vṛndāvana-dhāma niemals verlässt, und so mag man sich fragen, wie Er dann den Lauf Seiner verschiedenen Schöpfungen lenkt. Die Antwort findet man in der *Bhagavad-gītā* (13.14–18), wo es heißt, dass der Herr die gesamte materielle Schöpfung mit Seinem als Paramātmā (Überseele) bekannten vollständigen Teil durchdringt. Der Herr hat mit der materiellen Schöpfung, Erhaltung und Vernichtung nichts zu tun, doch Er veranlasst all dies durch Seine vollständige Teilerweiterung, den Paramātmā. Jedes Lebewesen ist ein *ātmā,* und der höchste *ātmā*, der alle anderen beherrscht, ist der Paramātmā, die Überseele.

Der Pfad der Gotteserkenntnis ist eine große Wissenschaft. Die materialistischen *sāṅkhya-yogīs* können nur die vierundzwanzig Elemente der materiellen Schöpfung genau untersuchen und über sie nachsinnen, doch sie wissen so gut wie nichts über den *puruṣa*, den Herrn. Die Anhänger des Unpersönlichen sind durch die gleißende Ausstrahlung des *brahmajyoti* nur geblendet. Wenn jemand die Absolute Wahrheit in ihrer ganzen Fülle schauen möchte, muss er sowohl die vierundzwanzig Elemente als auch die gleißende Ausstrahlung durchdringen. Die *Śrī Īśopaniṣad* deutet in diese Richtung und betet um die Entfernung des *hiraṇmaya-pātra*, der gleißenden Verhüllung des Herrn. Ohne dass diese Verhüllung entfernt ist, sodass man den Höchsten Persönlichen Gott schauen kann, gibt es keine Möglichkeit, tatsächlich zur Absoluten Wahrheit vorzudringen.

Der Paramātmā-Aspekt des Persönlichen Gottes ist eine von drei vollständigen Teilerweiterungen *(viṣṇu-tattvas)* des Herrn, die als *puruṣa-avatāras* bezeichnet werden. Eine dieser *viṣṇu-tattva*-Erweiterungen, die innerhalb des Universums weilt, wird Kṣīrodakaśāyī Viṣṇu genannt. Er ist Viṣṇu unter den drei Hauptgottheiten Brahmā, Viṣṇu und Śiva, und Er ist der alldurchdringende Paramātmā in jedem einzelnen individuellen Lebewesen. Die zweite *viṣṇu-tattva*-Erweiterung innerhalb des Universums ist Garbhodakaśāyī Viṣṇu, die kollektive Überseele aller Lebewesen. Darüber hinaus gibt es noch Kāraṇodakaśāyī Viṣṇu, der im Meer der Ursachen liegt. Er ist der Schöpfer aller Universen. Das *yoga*-System lehrt den ernsthaften Schüler, nachdem dieser die vierundzwanzig materiellen Elemente der kosmischen Schöpfung hinter sich gelassen hat, den *viṣṇu-tattvas* zu begegnen. Die Kultivierung empirischer Philosophie hilft bei der Erkenntnis des unpersönlichen *brahmajyoti*, der gleißenden Ausstrahlung, die von Śrī Kṛṣṇas transzendentaler Gestalt ausgeht. Dass das *brahmajyoti* Kṛṣṇas Ausstrahlung ist, wird in der *Bhagavad-gītā* (14.27) und auch im folgenden Vers der *Brahma-saṁhitā* (5.40) bestätigt:

yasya prabhā prabhavato jagad-aṇḍa-koṭi-
koṭiṣv aśeṣa-vasudhādi-vibhūti-bhinnam

tad-brahma niṣkalam anantam aśeṣa-bhūtaṁ
govindam ādi-puruṣaṁ tam ahaṁ bhajāmi

„In den Millionen und Abermillionen von Universen gibt es unzählige Planeten, und jeder einzelne von ihnen unterscheidet sich von allen anderen durch seine kosmische Beschaffenheit. All diese Planeten befinden sich in einem Winkel des *brahmajyoti*. Dieses *brahmajyoti* ist nichts anderes als die persönliche Ausstrahlung des Höchsten Persönlichen Gottes, Govinda, den ich verehre."

Dieses *mantra* der *Brahma-saṁhitā* ist von der Ebene wahrer Erkenntnis der Absoluten Wahrheit gesprochen, und das vorliegende *śruti-mantra* der *Śrī Īśopaniṣad* bestätigt, dass jenes *mantra* einen Pfad zur Erkenntnis weist. Es ist ein schlichtes Gebet an den Herrn, Er möge das *brahmayoti* entfernen, damit man Sein wahres Antlitz sehen kann.

Die *brahmajyoti*-Ausstrahlung wird in mehreren *mantras* der *Muṇḍaka Upaniṣad* (2.2.10–12) näher beschrieben:

hiraṇmaye pare kośe
virajaṁ brahma niṣkalam
tac chubraṁ jyotiṣāṁ jyotis
tad yad ātma-vido viduḥ

na tatra sūryo bhāti na candra-tārakaṁ
nemā vidyuto bhānti kuto 'yam agniḥ
tam eva bhāntam anu bhāti sarvaṁ
tasya bhāsā sarvaṁ idaṁ vibhāti

brahmaivedam amṛtaṁ purastād brahma
paścād brahma dakṣinataś cottareṇa
adhaś cordhvaṁ ca prasṛtaṁ brahmai-
vedaṁ viśvam idaṁ variṣṭham

„In der spirituellen Welt, jenseits der Schale des materiellen Universums, erstreckt sich die unbegrenzte Brahman-Ausstrahlung, die frei ist von jeglicher materiellen Verunreinigung. Transzendentalisten kennen jenes gleißend weiße Licht als das Licht aller Lichter. In jener Sphäre sind weder Sonnenschein noch Mondschein, weder Feuer noch Elektrizität nötig, um Licht zu spenden. Im Gegenteil, alle Lichtquellen in

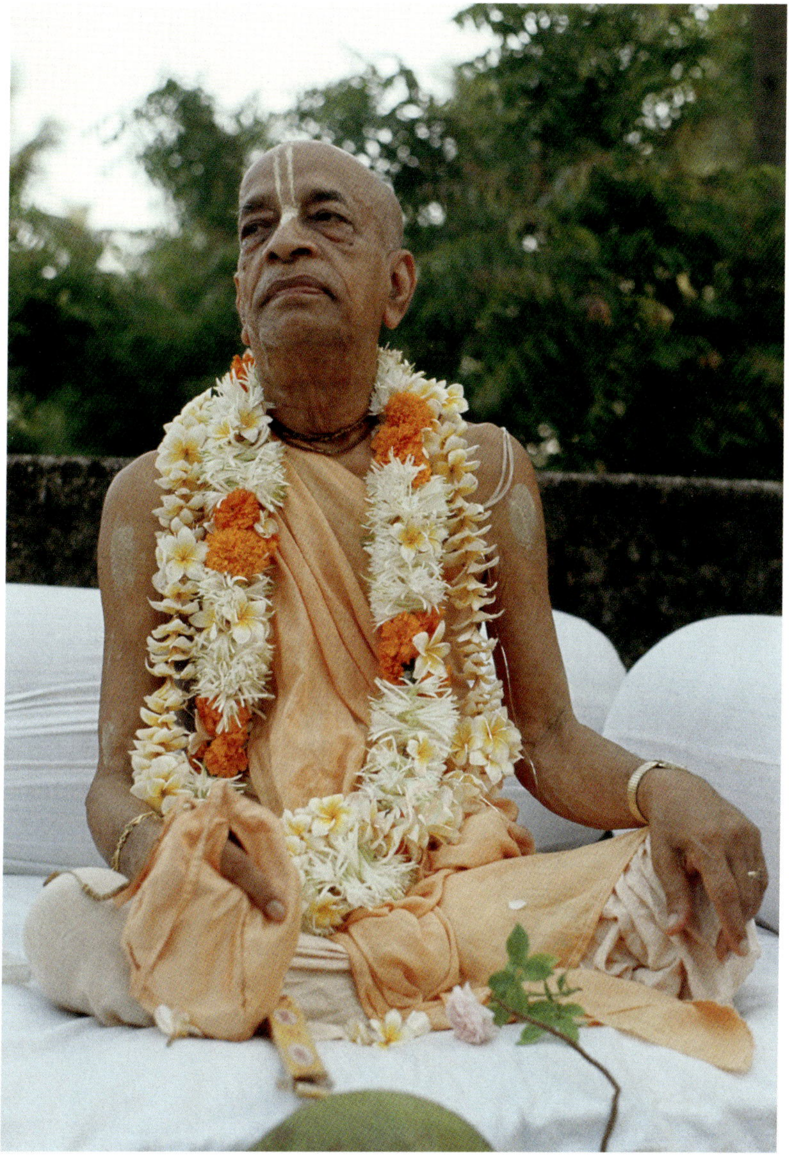

His Divine Grace A. C. Bhaktivedanta Swami Prabhupāda
Gründer-Ācārya der Internationalen Gesellschaft für Krishna-Bewusstsein

Das Lebewesen ist seiner Natur nach ewig, doch weil es im materiellen Dasein gefangen ist, muss es immer und immer wieder seinen Körper wechseln. Diesen Vorgang bezeichnet man als Seelenwanderung. (S. 10)

Intelligente Menschen sollten immer daran denken, dass sie ihre gegenwärtige Körperform nach vielen Millionen von Jahren der Evolution und nach einer langen Wanderung durch den Kreislauf der Geburten und Tode bekommen haben. (S. 14)

Der Höchste Herr ist weit entfernt, und doch ist Er ganz nah. Er befindet sich in allen Dingen, und doch weilt Er auch außerhalb aller Dinge. (S. 21)

„Diese höchste Wissenschaft wurde so durch die Nachfolge der spirituellen Meister empfangen, und die heiligen Könige verstanden sie auf diese Weise.“ (S. 64)

So wie sich Kṛṣṇa in Seine Viṣṇu-Formen erweitert, erweitert Er sich auch in unzählige *avatāras,* von denen jeder einzelne seine eigene Mission hat. (S. 36)

Śrī Kṛṣṇa, der Höchste Persönliche Gott, ist immer von transzendentaler Glückseligkeit erfüllt. (S. 77)

Der Höchste Persönliche Gott erschien als Śrī Nṛsiṁha in der Gestalt eines Menschenlöwen, um den atheistischen König Hiraṇyakaśipu, der den Herrn mit großer Wucht angriff, zu töten. (S. 24)

der materiellen Welt sind nichts weiter als eine Reflexion jener höchsten Lichtquelle. Jenes Brahman ist vorn und hinten, im Norden, Süden, Osten und Westen wie auch oben und unten. Mit anderen Worten, jene Brahman-Ausstrahlung erstreckt sich durch den gesamten materiellen und spirituellen Himmel."

Vollkommenes Wissen bedeutet, den Ursprung dieser Brahman-Ausstrahlung zu kennen. Dieses Wissen ist aus Schriften wie dem *Śrīmad-Bhāgavatam* erhältlich, wo die Wissenschaft von Kṛṣṇa vollendet und ausführlich dargelegt ist. Im *Śrīmad-Bhāgavatam* erklärt dessen Verfasser, Śrīla Vyāsadeva, dass man die Höchste Wahrheit je nach dem Grade seiner Erkenntnis als Brahman, Paramātmā oder Bhagavān beschreibt. Er sagt nie, dass die Höchste Wahrheit ein *jīva,* ein gewöhnliches Lebewesen, ist. Man sollte das Lebewesen niemals für die allmächtige Höchste Wahrheit halten. Wenn dem so wäre, bräuchte das Lebewesen nicht zum Herrn zu beten, Er möge Seine leuchtende Verhüllung entfernen, damit das Lebewesen Sein wahres Antlitz schauen könne.

Die Schlussfolgerung lautet, dass jemand, der kein Wissen von den Energien der Höchsten Wahrheit hat, das unpersönliche Brahman erkennen wird. Paramātmā-Erkenntnis erreicht man, wenn man sich der materiellen Kräfte des Herrn bewusst ist, jedoch nur wenig oder nichts von Seiner spirituellen Kraft weiß. Sowohl die Brahman- als auch die Paramātmā-Erkenntnis der Absoluten Wahrheit sind also Teilerkenntnisse. Wenn man aber den Höchsten Persönlichen Gott, Śrī Kṛṣṇa, nach der Entfernung des *hiraṇmaya-pātra* in Seiner ganzen Fülle erkennt, dann weiß man, *vāsudevaḥ sarvam iti:* Śrī Kṛṣṇa, bekannt als Vāsudeva, ist alles – Brahman, Paramātmā und Bhagavān. Er ist Bhagavān, die Wurzel, und Brahman und Paramātmā sind Seine Zweige.

In der *Bhagavad-gītā* (6.46–47) findet man eine vergleichende Studie der drei Arten von Transzendentalisten, nämlich der Verehrer des unpersönlichen Brahman *(jñānīs),* der Verehrer des Paramātmā *(yogīs)* und der Geweihten des Herrn *(bhaktas).* Es heißt dort, dass der *jñānī,* d. h. derjenige, der sich mit dem vedischen Wissen befasst hat, besser ist als ein gewöhnlicher *karmī.* Die *yogīs* jedoch stehen noch über den *jñānīs.* Und von allen mystischen *yogīs* ist derjenige der beste, der dem Pfad der *bhakti* folgt und dem Herrn ständig mit ganzer Kraft dient.

Zusammenfassend kann man sagen, dass ein Philosoph besser ist als ein *karmī* und ein Mystiker noch über einem Philosophen steht. Und von allen *yoga*-Mystikern ist derjenige, der dem Pfad des *bhakti-yoga* folgt und unablässig im Dienst des Herrn tätig ist, der höchste. Die *Śrī Īśopaniṣad* weist uns den Weg zu dieser Vollkommenheit.

Sechzehntes Mantra

पूषन्नेकर्षे यम सूर्य प्राजापत्य
व्यूह रश्मीन् समूह तेजो ।
यत्ते रूपं कल्याणतमं तत्ते पश्यामि
योऽसावसौ पुरुषः सोऽहमस्मि ॥

pūṣann ekarṣe yama sūrya prājāpatya
vyūha raśmīn samūha tejo
yat te rūpaṁ kalyāṇa-tamaṁ tat te paśyāmi
yo 'sāv asau puruṣaḥ so 'ham asmi

pūṣan – o Erhalter; *ekarṣe* – der urerste Philosoph; *yama* – das regulierende Prinzip; *sūrya* – das Ziel der *sūris* (der großen Gottgeweihten); *prājāpatya* – der wohlmeinende Freund der Prajāpatis (der Vorfahren der Menschheit); *vyūha* – entferne gütigerweise; *raśmīn* – die Strahlen; *samūha* – ziehe gütigerweise zurück; *tejaḥ* – Ausstrahlung; *yat* – sodass; *te* – Deine; *rūpam* – Gestalt; *kalyāṇa-tamam* – äußerst glückverheißend; *tat* – dass; *te* – Deine; *paśyāmi* – möge ich sehen; *yaḥ* – jemand, der ist; *asau* – wie die Sonne; *asau* – dieser; *puruṣaḥ* – Persönliche Gott; *saḥ* – ich selbst; *aham* – ich; *asmi* – bin.

O mein Herr, ursprünglicher Philosoph, Erhalter des Universums, regulierendes Prinzip, Ziel der reinen Gottgeweihten und wohlmei-

nender Freund der Vorfahren der Menschheit, bitte entferne den Glanz Deiner transzendentalen Strahlen, sodass ich Deine Gestalt der Glückseligkeit schauen kann. Du bist der ewige Höchste Persönliche Gott, der Sonne gleich, wie ich.

ERLÄUTERUNG: Die Sonne und ihre Strahlen sind qualitativ eins. In ähnlicher Weise sind der Herr und die Lebewesen qualitativ eins. Die Sonne ist ein einziger Himmelskörper, doch die Moleküle der Sonnenstrahlen sind unzählbar. Die Strahlen der Sonne bilden einen Teil der Sonne, und die Sonne und ihre Strahlen bilden gemeinsam die vollständige Sonne. Im Sonneninnern wohnt der Sonnengott, und in ähnlicher Weise weilt auf dem höchsten spirituellen Planeten, Goloka Vṛndāvana, von dem das leuchtende *brahmajyoti* ausgeht, der ewige Herr, wie es in der *Brahma-saṁhitā* (5.29) bestätigt wird:

cintāmaṇi-prakara-sadmasu kalpa-vṛkṣa-
lakṣāvṛteṣu surabhīr abhipālayantam
lakṣmī-sahasra-śata-sambhrama-sevyamānaṁ
govindam ādi-puruṣaṁ tam ahaṁ bhajāmi

„Ich verehre Govinda, den ursprünglichen Herrn, den Urahn aller Stammväter, dessen Reich aus spirituellen Edelsteinen erbaut ist, der die Kühe hütet, die alle Wünsche erfüllen, der umgeben ist von Millionen von Wunschbäumen und dem ohne Unterlass Hunderttausende von *lakṣmīs* (Glücksgöttinnen) in großer Ehrfurcht und Zuneigung dienen."

Das *brahmajyoti* wird in der *Brahma-saṁhitā* als die Strahlen beschrieben, die von jenem höchsten spirituellen Planeten, Goloka Vṛndāvana, ausgehen, so wie die Sonnenstrahlen von der Sonne. Ohne über die gleißende Ausstrahlung des *brahmajyoti* hinauszugehen, kann man keine Auskunft über das Land des Herrn bekommen. Da die Unpersönlichkeitsanhänger durch das Gleißen des *brahmajyoti* geblendet sind, können sie weder das Reich des Herrn noch Seine transzendentale Gestalt erkennen. Aufgrund ihres geringen Wissens können sie die allglückselige transzendentale Gestalt des Herrn nicht verstehen. Dieses *mantra* der *Śrī Īśopaniṣad* ist ein Gebet an den Herrn, die leuchtenden Strahlen des *brahmajyoti* zu entfernen, damit der reine Gottgeweihte Seine allglückselige transzendentale Gestalt sehen kann.

Durch die Erkenntnis des unpersönlichen *brahmajyoti* erfährt man den Glück spendenden Aspekt des Höchsten, und durch die Erkenntnis des Paramātmā, des alldurchdringenden Aspekts des Höchsten, erfährt man eine noch glückseligere Erleuchtung. Wenn der Gottgeweihte jedoch dem Höchsten Persönlichen Gott selbst von Angesicht zu Angesicht gegenübersteht, erfährt er den am meisten Glück spendenden Aspekt des Höchsten.

Da die Höchste Wahrheit hier als der urerste Philosoph, der Erhalter des Universums und der wohlmeinende Freund der Vorfahren der Menschheit angesprochen wird, kann sie nicht als unpersönlich betrachtet werden. So lautet das Urteil der *Śrī Īśopaniṣad.* Das Wort *pūṣan* (Erhalter) ist von besonderer Bedeutung, denn obschon der Herr alle Wesen erhält, sorgt Er doch besonders für Seine Geweihten. Nachdem der Gottgeweihte das unpersönliche *brahmajyoti* hinter sich gelassen und den persönlichen Aspekt des Herrn und Seine ewige glückselige Gestalt geschaut hat, erkennt er die Absolute Wahrheit in ihrer ganzen Fülle.

Im *Bhagavat-sandarbha* schreibt Śrīla Jīva Gosvāmī: „Die Absolute Wahrheit wird in ihrer ganzen Fülle im Persönlichen Gott erkannt, denn Er ist allmächtig und verfügt über alle transzendentalen Kräfte. Die volle Kraft der Absoluten Wahrheit erkennt man nicht im *brahmajyoti*, und daher ist die Brahman-Erkenntnis nur eine Teilerkenntnis des Persönlichen Gottes. O ihr gelehrten Weisen, die erste Silbe des Wortes *bhagavān (bha)* hat zwei Bedeutungen: 1) einer, der ‚umfassend erhält‘, und 2) ‚Behüter‘. Die zweite Silbe *(ga)* bedeutet ‚Ratgeber‘, ‚Führer‘ oder ‚Schöpfer‘. Die Silbe *vān* schließlich bedeutet, dass jedes Wesen in Ihm und auch Er in jedem Wesen existiert. Der transzendentale Klang *bhagavān* bedeutet also unendliches Wissen, unendliche Kraft und Energie, unendlicher Reichtum, grenzenlose Stärke und unbegrenzte Macht, und all dies ohne eine Spur materieller Unzulänglichkeit."

Der Herr sorgt in jeder Beziehung für Seine Geweihten, und Er führt sie auf dem Pfad der Hingabe der Vollkommenheit entgegen. Als Führer Seiner Geweihten lässt Er sie letztlich das ersehnte Ziel des hingebungsvollen Dienstes erreichen, indem Er ihnen sich selbst schenkt. Die Geweihten des Herrn sehen den Herrn durch Seine grundlose Gnade von Angesicht zu Angesicht, und der Herr hilft ihnen, den höchsten spirituellen Planeten, Goloka Vṛndāvana, zu erreichen. Als Schöpfer kann Er in Seinen Geweihten alle notwendigen Eigenschaften entstehen lassen, sodass der Gottgeweihte letztlich zu Ihm gelangen kann. Der Herr ist die Ursache aller Ursachen. Mit anderen Worten, da es nichts gibt, was Ihn verursachte, ist Er die ursprüngliche Ursache. Er erfreut sich daher an sich selbst, indem Er Seine eigene innere Energie entfaltet. Die äußere Energie wird nicht direkt von Ihm selbst entfaltet, sondern von den *puruṣas,* Seinen Erweiterungen. Durch sie erschafft, erhält und vernichtet Er den materiellen Kosmos.

Auch die Lebewesen sind individuelle Erweiterungen Seiner selbst, doch sie sind begrenzt, und weil einige von ihnen begehren, selbst Herr zu sein und den Höchsten Herrn nachzuahmen, gestattet Er ihnen, in die kosmische Schöpfung einzugehen, wo sie die Möglichkeit bekommen, ihren Hang zum Herrschen voll auszuleben. Durch die Gegenwart Seiner integralen Teile, der Lebewesen, wird die gesamte Erscheinungswelt in Bewegung gesetzt, und zwar nach den Gesetzen von Aktion und Reaktion. So werden den Lebewesen alle Möglichkeiten geboten, über die materielle Natur zu herrschen, doch der wahre Herrscher ist der Herr selbst in Seinem vollständigen Aspekt als Paramātmā (die Überseele), der einer der *puruṣas* ist.

Es besteht also ein sehr großer Unterschied zwischen dem Lebewesen *(ātmā)* und dem Lenker (Paramātmā), das heißt zwischen der Seele und der Überseele. Paramātmā ist der Lenker, und *ātmā* ist der Gelenkte, und deshalb befinden sie sich nicht auf der gleichen Ebene. Weil der Paramātmā in völligem Einklang mit dem *ātmā* wirkt, kennt man Ihn auch als den ständigen Begleiter des Lebewesens.

Der alldurchdringende Aspekt des Herrn, der in allen Zuständen des Lebewesens präsent ist – ob in Wachheit oder Schlaf und selbst wenn es unverkörpert ist – und von dem die *jīva-śakti* (Lebenskraft) in Form der bedingten und befreiten Seelen ausgeht, wird Brahman genannt. Da der Herr der Ursprung sowohl des Paramātmā als auch des Brahman ist, ist Er der Ursprung aller Lebewesen und alles sonst noch Bestehenden. Wer dies weiß, betätigt sich sogleich im hingebungsvollen Dienst. Ein solcher Gottgeweihter, der rein ist und vollkommenes Wissen besitzt, hängt mit Herz und Seele am Herrn, und wenn ein solcher Gottgeweihter mit ähnlichen Gottgeweihten zusammen ist, tun sie nichts anderes, als den Herrn zu lobpreisen, indem sie über Seine transzendentalen Taten und Spiele sprechen. Diejenigen, die nicht so vollkommen sind wie die reinen Gottgeweihten und nur den Brahman- oder Paramātmā-Aspekt des Herrn erkannt haben, können das Tun der vollkommenen Gottgeweihten nicht verstehen. Der Herr steht den reinen Gottgeweihten immer zur Seite, indem Er ihren Herzen die notwendige Erkenntnis zuteil werden lässt. So wird durch Seine besondere Gnade alle Finsternis der Unwissenheit aufgelöst. Die spekulierenden Philosophen und die *yogīs* können sich dies nicht vorstellen, denn sie verlassen sich mehr oder minder auf ihre eigene Kraft. Wie es in der *Kaṭha Upaniṣad* (1.2.23) heißt, kann der Herr nur von denen erkannt werden, die Er mit Seiner besonderen Gnade segnet, von niemandem sonst. Solch besondere Gnade schenkt Er indes nur Seinen reinen Geweihten. Die *Śrī Īśopaniṣad* spricht somit von der Gnade des Herrn, die sich jenseits der Sphäre des *brahmajyoti* befindet.

Siebzehntes Mantra

वायुरनिलममृतमथेदं भस्मान्तं शरीरम् ।
ॐ क्रतो स्मर कृतं स्मर क्रतो स्मर कृतं स्मर ॥

vāyur anilam amṛtam
athedaṁ bhasmāntaṁ śarīram
oṁ krato smara kṛtaṁ smara
krato smara kṛtaṁ smara

vayuḥ – Lebensodem; *anilam* – Gesamtheit der Luft; *amṛtam* – unzerstörbar; *atha* – jetzt; *idam* – diesen; *bhasmāntam* – nachdem er zu Asche geworden ist; *śarīram* – Körper; *oṁ* – o Herr; *krato* – der Genießer aller Opfer; *smara* – bitte erinnere Dich; *kṛtam* – an alles, was ich getan habe; *smara* – bitte erinnere Dich; *krato* – o höchster Nutznießer; *smara* – bitte erinnere Dich; *kṛtam* – an alles, was ich für Dich getan habe; *smara* – bitte erinnere Dich.

Möge mein vergänglicher Leib zu Asche verbrennen, und möge mein Lebensodem in die Fülle der Luft eingehen! O mein Herr, gedenke jetzt bitte all meiner Opfer, und erinnere Dich bitte an alles, was ich für Dich getan habe, denn letztlich bist Du der Nutznießer aller guten Werke.

ERLÄUTERUNG: Der vergängliche materielle Körper ist zweifellos ein fremdes Gewand. In der *Bhagavad-gītā* (2.20) wird eindeutig erklärt, dass bei der Zerstörung des materiellen Körpers das Lebewesen weder vernichtet wird noch seine Identität verliert. Die Identität des Lebewesens ist nicht unpersönlich oder formlos. Im Gegenteil: Es ist das materielle Gewand, das formlos ist und der Form der unzerstörbaren Person gemäß Gestalt annimmt. Kein Lebewesen ist ursprünglich formlos, wie Menschen mit geringem Wissen irrtümlich glauben. Dieses *mantra* bestätigt die Tatsache, dass das Lebewesen nach der Vernichtung des materiellen Körpers weiter besteht.

Die materielle Natur entfaltet in dieser Welt eine wunderbare Kunstfertigkeit, indem sie für die Lebewesen, gemäß ihren Neigungen zur Sinnenbefriedigung, eine Vielfalt von Körpern erschafft. Ein Lebewesen zum Beispiel, das den Geschmack von Kot mag, bekommt einen materiellen Körper, der sich zum Fressen von Kot eignet, wie den eines Schweins. Wer auf Tierfleisch aus ist, bekommt vielleicht den Körper eines Tigers mit den dazu passenden Reißzähnen und Krallen. Für den Menschen hingegen ist der Genuss von Fleisch nicht vorgesehen; auch hat er nicht das geringste Verlangen, Kot zu essen, nicht einmal auf den untersten Stufen des Eingeborenendaseins. Die Zähne des Menschen sind so beschaffen, dass sie Früchte und Gemüse zerkleinern können. Allerdings hat die Natur uns auch mit zwei Eckzähnen ausgestattet, damit die primitiven Menschen, die es unbedingt wollen, Fleisch essen können.

Wie dem auch sei, alle Körperformen, ob tierisch oder menschlich, sind für das Lebewesen eigentlich etwas Fremdes, und es wechselt sie gemäß seinem Wunsch nach Sinnenbefriedigung. Im Kreislauf der Evolution wandert das Lebewesen von einem Körper zum anderen: vom Leben im Wasser zum pflanzlichen Leben, von dort zu den Formen der Kriechtiere, weiter zu den Vogelarten, vom Vogel zum Säugetier und vom Säugetier zum menschlichen Dasein. Die am höchsten entwickelte Lebensform ist der menschliche Körper, wenn er von spirituellem Wissen durchdrungen ist. Die höchste Form spiritueller Erkenntnis wird im vorliegenden *mantra* zum Ausdruck gebracht: Man soll seinen materiellen Körper aufgeben, der zu Asche werden wird, und dem Lebensodem gestatten, in die ewige Fülle der Luft einzugehen. Die Tätigkeiten des Lebewesens werden im Körper durch die Bewegung verschiedener Luftarten bewirkt, die man in ihrer Gesamtheit als *prāṇa-vāyu* bezeichnet. *Yogīs* üben sich im Allgemeinen darin, die Lüfte im Körper zu beherrschen. Die Seele soll dann von Luftkreis zu Luftkreis erhoben werden, bis sie das *brahma-randhra*, den höchsten Kreis, erreicht. Von dort kann sich der vollkommene *yogī* zu jedem beliebigen Planeten begeben. Dabei gibt er einen materiellen Körper auf und geht in einen anderen ein; die höchste Vollkommenheit solcher Wechsel wird jedoch nur erreicht, wenn das Lebewesen imstande ist, den materiellen Körper für immer aufzugeben, wie in diesem *mantra* angedeutet wird. Die Seele kann darauf in die spirituelle Sphäre eingehen, wo sie einen völlig andersgearteten Körper entwickelt – einen spirituellen Körper, der weder dem Tod noch dem Wandel unterliegt.

Hier in der materiellen Welt wird man von der Natur gezwungen, seinen Körper zu wechseln, weil man verschiedene Wünsche nach Sinnenbefriedigung hegt. Diese Wünsche zeigen sich in allen Lebensformen – von den Mikroben bis hin zu den vollendeten materiellen Körpern Brahmās und der Halbgötter. All diese Lebewesen besitzen Körper, die auf unterschiedliche Weise aus Materie zusammengesetzt sind. Der intelligente Mensch sieht die Einheit nicht in der Vielfalt der Körper, sondern in der spirituellen Identität, denn der spirituelle Funke, der ein integraler Teil des Höchsten Herrn ist, ist der gleiche – ob er sich nun im Körper eines Schweins oder in dem eines Halbgottes befindet. Das Lebewesen nimmt seinen frommen und schlechten Taten gemäß verschiedene Körper an. Der menschliche Körper ist hoch entwickelt und mit vollem Bewusstsein ausgestattet. Nach Aussage der vedischen Schriften (Bg. 7.19) ergibt sich der vollkommene Mensch dem Herrn, nachdem er viele Leben hindurch Wissen kultiviert hat. Die Kultivierung von Wissen gelangt nur zur Vollendung, wenn der Wissende dahin kommt, sich dem Höchsten Herrn, Vāsudeva, zu ergeben. Ansonsten – wenn man nicht begreift, dass die Lebewesen ewige Teile des Ganzen sind und niemals das Ganze werden können –, fällt man, selbst nachdem man seine spirituelle Identität erkannt hat, wieder in die materielle Welt hinab. Ja, man muss sogar hinabfallen, wenn man mit dem *brahmajyoti* eins war.

Wie wir aus den vorangegangenen *mantras* erfahren haben, ist das von der transzendentalen Gestalt des Herrn ausgehende *brahmajyoti* von spirituellen Funken erfüllt, die individuelle Wesen mit dem vollen Bewusstsein der Existenz sind. Wenn in einem dieser Lebewesen der Wunsch erwacht, die Sinne zu genießen, wird es in die materielle Welt versetzt, um unter dem Gebot der Sinne zu einem falschen Herrn zu werden. Der Wunsch nach Herrschaft und Genuss ist die materielle Krankheit des Lebewesens, denn im Bann der Sinnenfreude wandert es durch die vielfältigen Körper in der materiellen Welt. Mit dem *brahmajyoti* eins zu werden zeugt nicht von gereiftem Wissen. Nur wenn man sich dem Herrn völlig ergibt und den Wunsch nach spirituellem Dienst entwickelt, erreicht man die höchste Stufe der Vollkommenheit.

In diesem *mantra* betet das Lebewesen, in das spirituelle Königreich Gottes eingehen zu dürfen, nachdem es seinen materiellen Körper und seine materielle Lebensluft aufgegeben hat. Der Gottgeweihte betet zum Herrn, Er möge sich an die Werke und Opfer Seines Dieners erinnern, ehe dessen materieller Körper zu Asche wird. Dieses Gebet wird in der Todesstunde gesprochen, im vollen Bewusstsein der vergangenen Taten und des endgültigen Ziels. Wer völlig unter der Herrschaft der materiellen Natur steht, erinnert sich an die abscheulichen Taten, die er während der Existenz seines materiellen Körpers begangen hat, und bekommt folglich nach dem Tode einen weiteren materiellen Körper. Die *Bhagavad-gītā* (8.6) bestätigt diese Wahrheit:

yaṁ yaṁ vāpi smaran bhāvaṁ
tyajaty ante kalevaram
taṁ tam evaiti kaunteya
sadā tad-bhāva-bhāvitaḥ

„O Sohn Kuntīs, den Seinszustand, an den man sich beim Verlassen des Körpers erinnert, wird man ohne Fehl erreichen." Der Geist trägt also die Neigungen des Lebewesens in das nächste Leben.

Im Gegensatz zu den einfachen Tieren, deren Geist nicht entwickelt ist, kann sich der Mensch an die in seinem Leben vollbrachten Taten erinnern, und sie ziehen wie Träume an seinem geistigen Auge vorbei. Sein Geist bleibt daher von materiellen Wünschen erfüllt, und so kann er nicht in einem spirituellen Körper in das Reich Gottes eingehen. Die

Gottgeweihten indes entwickeln Liebe zu Gott, indem sie sich im hingebungsvollen Dienst des Herrn betätigen. Selbst wenn sich der Gottgeweihte in der Todesstunde nicht an seinen göttlichen Dienst erinnert – der Herr vergisst ihn nicht. Das obige Gebet soll den Herrn an die Opfer des Gottgeweihten erinnern, doch auch ohne solche Erinnerung vergisst der Herr nicht den hingebungsvollen Dienst Seines reinen Geweihten.

In der *Bhagavad-gītā* (9.30–34) beschreibt der Herr deutlich Seine innige Beziehung zu Seinem Geweihten: „Auch wenn jemand die abscheulichsten Handlungen begeht, muss man ihn, wenn er im hingebungsvollen Dienst tätig ist, als heilig betrachten, denn er befindet sich auf dem richtigen Pfad. Sehr bald wird er rechtschaffen werden und beständigen Frieden erlangen. O Sohn Kuntīs, verkünde kühn, dass Mein Geweihter niemals vergeht. O Sohn Pṛthās, diejenigen, die bei Mir Zuflucht suchen – seien sie auch von niederer Herkunft wie Frauen, *vaiśyas* [Kaufleute] und *śūdras* [Arbeiter] –, können das höchste Ziel erreichen. Wie viel größer sind also die *brāhmaṇas*, die Rechtschaffenen, die Gottgeweihten und heiligen Könige, die sich in dieser vergänglichen, jammervollen Welt in Meinem liebenden Dienst betätigen. Denke ohne Unterlass an Mich, werde Mein Geweihter, erweise Mir deine Achtung und verehre Mich. Auf solche Weise in Mich vertieft, wirst du ohne Zweifel zu Mir gelangen."

Śrīla Bhaktivinoda Ṭhākura erläutert diese Verse wie folgt: „Man soll einem Geweihten Kṛṣṇas nachfolgen, der sich auf dem richtigen Pfad, nämlich dem Pfad der Heiligen, befindet, auch wenn er charakterlich nicht einwandfrei erscheinen mag *(su-durācara)*. Man sollte versuchen, den Ausdruck *su-durācara* richtig zu verstehen. Eine bedingte Seele muss in zweifacher Hinsicht handeln – einmal für die Erhaltung des Körpers und zum anderen für Selbsterkenntnis. Gesellschaftliche Stellung, geistige Entwicklung, Sauberkeit, Entbehrungen, Ernährung und der Kampf ums Dasein haben alle mit der Erhaltung des Körpers zu tun, wohingegen man die Tätigkeiten, die sich mit Selbsterkenntnis befassen, in seiner Eigenschaft als Gottgeweihter ausführt. Diese beiden verschiedenen Handlungsweisen verlaufen parallel, denn eine bedingte Seele kann nicht die Erhaltung ihres Körpers aufgeben. Die Tätigkeiten für die Erhaltung des Körpers nehmen jedoch in dem Maße ab, wie der hingebungsvolle Dienst zunimmt. Solange das Maß des hingebungsvollen Dienstes nicht den richtigen Stand erreicht hat, besteht immer die Möglichkeit, dass sich gelegentlich eine gewisse Weltzugewandtheit bemerkbar macht; doch sollte man zur Kenntnis nehmen, dass diese Neigung nicht allzu lange bestehen kann, denn durch die Gnade des Herrn werden alle Unvollkommenheiten innerhalb kurzer Zeit verschwinden. Deshalb ist der Pfad des hingebungsvollen Dienstes der einzig richtige Pfad. Wenn man sich auf dem richtigen Pfad befindet, behindert nicht einmal eine gelegentliche Weltzugewandtheit den Fortschritt der Selbsterkenntnis."

Die Möglichkeiten, die der hingebungsvolle Dienst bietet, bleiben den Unpersönlichkeitsanhängern vorenthalten, weil sie zu stark am *brahmajyoti*-Aspekt des Herrn hängen. Wie in den vorangegangenen *mantras* erklärt wurde, können sie das *brahmajyoti* nicht durchdringen, weil sie nicht an den Persönlichen Gott glauben. Sie befassen sich vornehmlich mit Wortspielereien und gedanklichen Spekulationen, und daher sind ihre Bemühungen fruchtlos, was im zwölften Kapitel der *Bhagavad-gītā* (12.5) bestätigt wird.

Alles in diesem *mantra* Erstrebte kann leicht erreicht werden, wenn man ständig mit dem persönlichen Aspekt der Absoluten Wahrheit verbunden ist. Der hingebungsvolle Dienst für den Herrn besteht im Wesentlichen aus neun transzendentalen Tätigkeiten, denen sich der Gottgeweihte widmet: 1) über den Herrn zu hören, 2) den Herrn zu lobpreisen, 3) sich an den Herrn zu erinnern, 4) den Lotosfüßen des Herrn zu dienen, 5) den Herrn zu verehren, 6) zum Herrn zu beten, 7) dem Herrn zu dienen, 8) ein Freund des Herrn zu werden und 9) dem Herrn alles hinzugeben. Diese neun Grundsätze des hingebungsvollen Dienstes – alle zusammen oder jeder für sich – können dem Gottgeweihten helfen, ständig mit Gott in Berührung zu bleiben. So ist es für den Gottgeweihten am Ende des Lebens einfach, sich an den Herrn zu erinnern. Die folgenden neun bekannten Gottgeweihten erreichten die höchste Vollkommenheit, indem sie nur einem dieser Grundsätze folgten: 1) Mahārāja Parīkṣit, der Held des *Śrīmad-Bhāgavatam*, erreichte durch Hören über den Herrn das ersehnte Ziel. 2) Śukadeva Gosvāmī, der Sprecher des *Śrīmad-Bhāgavatam*, erreichte die höchste Vollkommenheit durch das bloße Lobpreisen des Herrn. 3) Akrūra wurde das gewünschte Ergebnis durch Beten zuteil. 4) Prahlāda Mahārāja gelangte ans höchste Ziel, indem er sich an den Herrn erinnerte. 5) Pṛthu Mahārāja erreichte durch Verehrung des Herrn die Vollkommenheit. 6) Lakṣmī erreichte die Vollkommenheit, indem sie den Lotosfüßen des Herrn diente. 7) Hanumān erreichte das ersehnte Ziel, indem er dem Herrn persönliche Dienste erwies. 8) Arjuna wurde das erwünschte Ergebnis durch seine Freundschaft mit dem Herrn zuteil. 9) Bali Mahārāja erreichte die höchste Vollkommenheit, indem er alles hingab, was er besaß.

Die Bedeutung dieses *mantra* der *Śrī Īśopaniṣad* und so gut wie aller *mantras* der vedischen Hymnen ist in den *Vedānta-sūtras* zusammengefasst und wird im *Śrīmad-Bhāgavatam* genau erklärt. Das *Śrīmad-Bhāgavatam* ist die reife Frucht am Baum der vedischen Weisheit. Dort wird das obige *mantra* im Verlauf der Fragen und Antworten zwischen Mahārāja Parīkṣit und Śukadeva Gosvāmī gleich zu Beginn ihrer Begegnung erklärt. Hören und Chanten über die Gotteswissenschaft sind die Eckpfeiler des hingebungsvollen Lebens. Das gesamte *Bhāgavatam* wurde von Mahārāja Parīkṣit gehört und von Śukadeva Gosvāmī gesprochen. Mahārāja Parīkṣit wandte sich mit seinen Fragen an Śukadeva Gosvāmī, weil Śukadeva ein größerer spiritueller Meister war als alle anderen *yogīs* und Transzendentalisten seiner Zeit.

Mahārāja Parīkṣits Hauptfrage lautete: „Worin besteht die Pflicht jedes Menschen, insbesondere zur Zeit des Todes?" Śukadeva Gosvāmī antwortete:

tasmād bhārata sarvātmā
bhagavān īśvaro hariḥ
śrotavyaḥ kīrtitavyaś ca
smartavyaś cecchatābhayam

„Jeder, der von allen Ängsten frei sein möchte, soll stets über den Höchsten Persönlichen Gott, der alles lenkt, alle Schwierigkeiten beseitigt und die Überseele aller Lebewesen ist, hören, Ihn lobpreisen und sich an Ihn erinnern." (*Bhāg.* 2.1.5)

Die so genannte menschliche Gesellschaft ist nachts gewöhnlich mit Schlafen und Geschlechtsverkehr beschäftigt und tagsüber mit Gelderdienen oder mit dem Unterhalt der Familie. Die Menschen finden nur sehr wenig Zeit, über den Persönlichen Gott zu sprechen oder Fragen über Ihn zu stellen. Sie verneinen Gottes Dasein auf vielerlei Art, vor allem, indem sie erklären, Er sei unpersönlich, das heißt ohne Sinneswahrnehmung. In den vedischen Schriften – ob in den Upaniṣaden, dem *Vedānta-sūtra*, der *Bhagavad-gītā* oder dem *Śrīmad-Bhāgavatam* – wird jedoch erklärt, dass der Herr ein fühlendes Wesen ist und als Höchster über allen anderen Lebewesen steht. Seine ruhmreichen Taten und Spiele sind mit Ihm identisch. Man soll daher nicht über das sinnlose Tun weltlicher Politiker und so genannter bedeutender Persönlichkeiten in der Gesellschaft hören und sprechen, sondern sein Leben so einrichten, dass man sich göttlichen Tätigkeiten widmen kann, ohne auch nur eine Sekunde zu verschwenden. Die *Śrī Īśopaniṣad* weist uns den Weg zu solch göttlichem Tun.

Woran wird man sich zur Todesstunde, wenn die Funktionen des Körpers gestört sind, erinnern können, wenn man nicht mit hingebungsvollem Dienst vertraut ist? Und wie kann man dann zum Allmächtigen Herrn beten, Er möge sich an alle Opfer erinnern, die man Ihm darbrachte? Opfer bedeutet, das Verlangen der Sinne nicht zu beachten. Man muss diese Kunst erlernen, indem man die Sinne das ganze Leben hindurch in den Dienst des Herrn stellt. Das Ergebnis solcher Übung wird uns zur Zeit des Todes zugute kommen.

Achtzehntes Mantra

अग्ने नय सुपथा राये अस्मान्
विश्वानि देव वयुनानि विद्वान् ।
युयोध्यस्मज्जुहुराणमेनो
भूयिष्ठां ते नमउक्तिं विधेम ॥

agne naya supathā rāye asmān
viśvāni deva vayunāni vidvān
yuyodhy asmaj juhurāṇam eno
bhūyiṣṭhāṁ te nama uktiṁ vidhema

agne – o mein Herr, mächtig wie das Feuer; *naya* – führe gütigerweise; *supathā* – auf den rechten Pfad; *rāye* – um Dich zu erreichen; *asmān* – uns; *viśvāni* – alle; *deva* – o mein Herr; *vayunāni* – Handlungen; *vidvān* – der Kenner; *yuyodhi* – entferne bitte; *asmat* – von uns; *juhurāṇam* – alle Hindernisse auf dem Pfad; *enaḥ* – alle Sünden; *bhūyiṣṭhām* – sehr zahlreich; *te* – Dir; *namaḥ uktim* – Worte der Ehrerbietung; *vidhema* – ich tue.

O mein Herr, mächtig wie das Feuer, Allmächtiger, jetzt erweise ich Dir meine Ehrerbietung und falle zu Boden, Dir zu Füßen. O mein Herr, bitte führe mich auf den rechten Pfad, damit ich zu Dir ge-

langen kann, und da Du alles weißt, was ich in der Vergangenheit getan habe, erlöse mich bitte von den Reaktionen auf meine vergangenen Sünden, sodass ich ungehindert fortschreiten kann.

ERLÄUTERUNG: Durch Ergebenheit und Gebete um die grundlose Gnade des Herrn kann der Gottgeweihte auf dem Pfad vollendeter Selbsterkenntnis fortschreiten. Der Herr wird als Feuer angesprochen, weil Er alles zu Asche verbrennen kann, auch die Sünden einer ergebenen Seele. Wie in den vorangegangenen *mantras* beschrieben wurde, ist der wahre, höchste Aspekt des Absoluten Seine Existenz als der Höchste Persönliche Gott. Sein unpersönlicher *brahmajyoti*-Aspekt ist eine strahlende Umhüllung, die Sein Antlitz verdeckt. Der *karma-kāṇḍa* Pfad der Selbsterkenntnis, auf dem man mit dem Ziel tätig ist, sich selbst materiellen Nutzen zu verschaffen, befindet sich auf der untersten Stufe. Sobald solches Tun auch nur geringfügig von den regulierenden Prinzipien der Veden abweicht, wird es zu *vikarma,* Handlungen, die sich gegen das Interesse des Handelnden auswirken. Solches *vikarma* führt das Lebewesen nur aus, um seine Sinne zu befriedigen, und so werden Handlungen dieser Art zu Hindernissen auf dem Pfad der Selbsterkenntnis.

Selbsterkenntnis ist nur in der menschlichen Lebensform möglich. Es gibt 8 400 000 Lebensformen, von denen die menschliche, sofern sie durch brahmanische Kultur verfeinert ist, die einzige Möglichkeit bietet, Wissen von der Transzendenz zu erwerben. Brahmanische Kultur bedeutet Wahrhaftigkeit, Beherrschung der Sinne, Duldsamkeit, Einfachheit, umfassendes Wissen und fester Glaube an Gott. Es ist nicht damit getan, auf eine hohe Herkunft stolz zu sein. Wenn jemand als Sohn eines *brāhmaṇa* geboren wird, bietet sich ihm die Gelegenheit, ebenfalls ein *brāhmaṇa* zu werden, ebenso wie der Sohn eines bedeutenden Mannes die Möglichkeit hat, ebenfalls ein bedeutender Mann zu werden. Ein solches Geburtsrecht ist jedoch nicht alles, denn man muss immer noch selbst die brahmanischen Eigenschaften entwickeln. Sobald man auf seine Geburt als Sohn eines *brāhmaṇa* stolz wird und es versäumt, die Eigenschaften eines wirklichen *brāhmaṇa* zu entwickeln, wird man erniedrigt und kommt vom Pfad der Selbsterkenntnis ab. Dann bleibt die Mission des menschlichen Lebens unerfüllt.

In der *Bhagavad-gītā* (6.41–42) versichert uns der Herr, dass den *yoga-bhraṣṭas,* den vom Pfad der Selbsterkenntnis abgekommenen Seelen, durch Geburt in den Familien rechtschaffener *brāhmaṇas* oder reicher Kaufleute eine Möglichkeit zur Berichtigung gegeben wird. Eine solche Geburt bietet eine bessere Möglichkeit zur Selbsterkenntnis als die Geburt in anderen Familien. Wer diese Gelegenheit aufgrund von Verblendung nicht nutzt, verliert die vom Allmächtigen Herrn gewährte gute Gelegenheit des menschlichen Lebens.

Die regulierenden Prinzipien sind so geartet, dass jemand, der ihnen folgt, von der Ebene gewinnorientierten Tuns *(karma)* zur Ebene transzendentalen Wissens aufsteigt. Nach vielen, vielen Leben der Kultivierung transzendentalen Wissens wird man vollkommen, wenn man sich dem Herrn hingibt. Das ist der allgemeine Ablauf. Wer sich jedoch schon zu Beginn hingibt, wie im obigen *mantra* empfohlen wird, lässt sogleich alle vorbereitenden Stufen hinter sich, einfach indem er eine hingegebene Haltung einnimmt. Wie es in der *Bhagavad-gītā* (18.66) heißt, nimmt sich der Herr einer solch ergebenen Seele sogleich an und erlöst sie von den Reaktionen auf ihre sündhaften Handlungen. *Karma-kāṇḍa*-Tätigkeiten sind von sündhaften Reaktionen durchsetzt, und auf dem Pfad des *jñāna-kāṇḍa* (philosophische Entwicklung) verringern sich die sündhaften Handlungen. Im hingebungsvollen Dienst des Herrn jedoch, das heißt auf dem Pfad der *bhakti*, besteht so gut wie keine Möglichkeit, sündhafte Reaktionen hervorzurufen. Ein Geweihter des Herrn erwirbt all die guten Eigenschaften, die der Herr selbst besitzt, und gleichzeitig natürlich auch die Eigenschaften eines *brāhmaṇa*. Ein Gottgeweihter entwickelt von selbst die Eigenschaften eines kundigen *brāhmaṇa*, der bevollmächtigt ist, Opfer durchzuführen, obgleich der Gottgeweihte nicht in der Familie eines *brāhmaṇa* geboren sein mag. Hier zeigt sich die Allmacht des Herrn. Er kann den Nachkommen eines *brāhmaṇa* so tief sinken lassen wie einen Hundeesser niedrigster Herkunft, und Er kann einen Hundeesser allein durch die Kraft hingebungsvollen Dienstes auf eine höhere Stufe erheben als einen befähigten *brāhmaṇa*.

Da der allmächtige Herr im Herzen eines jeden weilt, kann Er Seinen aufrichtigen Geweihten Weisungen erteilen, durch die sie auf den rechten Pfad gelangen. Solche Weisungen bekommt vor allem der Gottgeweihte – selbst wenn er sich etwas anderes wünscht. Was andere betrifft, so gibt der Herr dem Handelnden Seine Einwilligung auf dessen eigene Gefahr. Einen Gottgeweihten indes führt der Herr in solcher Weise, dass er nie falsch handelt. Im *Śrīmad-Bhāgavatam* (11.5.42) heißt es:

sva-pāda-mūlaṁ bhajataḥ priyasya
tyaktānya-bhāvasya hariḥ pareśaḥ
vikarma yac cotpatitaṁ kathañcid
dhunoti sarvaṁ hṛdi sanniviṣṭaḥ

„Der Herr ist zu Seinen Geweihten, die Seinen Lotosfüßen völlig ergeben sind, so gütig, dass Er sogleich ihre Fehler im Herzen berichtigt – selbst wenn ein Gottgeweihter manchmal auf die Ebene von *vikarma* fällt, d. h. Handlungen gegen die vedischen Anweisungen ausführt. Dies ist so, weil die Gottgeweihten dem Herrn sehr lieb sind."

Im vorliegenden *mantra* der *Śrī Īśopaniṣad* betet der Gottgeweihte zum Herrn, Er möge ihn vom Innern seines Herzens her berichtigen. Irren ist menschlich. Die bedingte Seele neigt dazu, viele Fehler zu begehen, und die einzige Maßnahme gegen solch unbewusste Sünden besteht darin, sich den Lotosfüßen des Herrn bedingungslos zu ergeben, auf dass der Herr einem den rechten Weg weise. Der Herr nimmt sich solch völlig ergebener Seelen an. Alle Probleme sind also gelöst, wenn man sich einfach dem Herrn ergibt und nach Seinen Weisungen handelt. Diese Weisungen werden dem aufrichtigen Gottgeweihten auf zweierlei Art gegeben: einmal durch die Heiligen, die Schriften und den spirituellen Meister und zum anderen durch den Herrn selbst, der im Herzen eines jeden weilt. So ist der Gottgeweihte, gestärkt durch vedisches Wissen, in jeder Hinsicht beschützt.

Vedisches Wissen ist transzendental und kann nicht durch weltliche Lernmethoden verstanden werden. Man kann die vedischen *mantras* nur durch die Gnade des Herrn und des spirituellen Meisters verstehen. Wenn man bei einem echten spirituellen Meister Zuflucht sucht, bedeutet das, dass man die Gnade des Herrn erlangt hat. Der Herr erscheint für den Gottgeweihten als spiritueller Meister. Der spirituelle Meister, die vedischen Unterweisungen und der Herr selbst von innen her leiten also den Gottgeweihten mit voller Kraft, und so besteht keine Möglichkeit, dass der Gottgeweihte erneut in den Sumpf der materiellen Täuschung fällt. Es ist sicher, dass der so von allen Seiten beschützte Gottgeweihte das endgültige Ziel der Vollkommenheit erreicht. Dieses *mantra* der *Śrī Īśopaniṣad* deutet den gesamten Vorgang in kurzer Form an, und das *Śrīmad-Bhāgavatam* (1.2.17–20) erklärt ihn im Detail:

Das Hören und das Chanten über die Herrlichkeit des Herrn sind in sich selbst fromme Werke. Der Herr möchte, dass jeder diese beiden Vorgänge befolgt, denn Er ist der wohlmeinende Freund aller Lebewesen. Wenn man über die Herrlichkeit des Herrn hört und chantet, wird man von allen unerwünschten Dingen geläutert, und die Hingabe an den Herrn wird gefestigt. Auf dieser Stufe erwirbt der Gottgeweihte die brahmanischen Eigenschaften, und die Folgeerscheinungen (Lust und Gier) der niederen Erscheinungsweisen der Natur (Leidenschaft und Unwissenheit) verschwinden völlig. Der Gottgeweihte wird kraft seines hingebungsvollen Dienstes voll erleuchtet und erkennt so die Wege des Herrn und den Pfad, der zu Ihm führt. Alle Zweifel verflüchtigen sich, und er wird zu einem reinen Gottgeweihten.

Hiermit enden die Bhaktivedanta-Erläuterungen zur Śrī Īśopaniṣad, *dem Wissen, das uns dem Höchsten Persönlichen Gott, Śrī Kṛṣṇa, näher bringt.*

Anhang

Der Autor

His Divine Grace A. C. Bhaktivedanta Swami Prabhupāda erschien in dieser Welt im Jahre 1896 in Kalkutta, wo er 1922 zum ersten Mal seinem spirituellen Meister Śrīla Bhaktisiddhānta Sarasvatī Gosvāmī begegnete. Bhaktisiddhānta Sarasvatī, ein bekannter, gottergebener Gelehrter und Gründer von 64 vedischen Instituten, die als Gauḍīya Maṭhas bekannt wurden, fand Gefallen an dem gebildeten jungen Mann und überzeugte ihn, sein Leben der Lehre vedischen Wissens zu widmen. Śrīla Prabhupāda wurde sein Schüler und empfing 1933 die formelle Einweihung.

Śrīla Bhaktisiddhānta Sarasvatī bat Śrīla Prabhupāda bereits bei ihrer ersten Begegnung, das vedische Wissen in englischer Sprache zu verbreiten. In den darauffolgenden Jahren verfasste Śrīla Prabhupāda einen Kommentar zur *Bhagavad-gītā* und unterstützte die Bewegung seines spirituellen Meisters in ihrer Mission. 1944 gründete er das *Back to Godhead,* ein vierzehntäglich erscheinendes Magazin in englischer Sprache, welches er eigenhändig verfasste, produzierte, finanzierte und verteilte. Dieses Magazin wird heute von seinen Schülern weitergeführt und in vielen Sprachen veröffentlicht.

Als Anerkennung für Śrīla Prabhupādas philosophische Gelehrtheit und Hingabe ehrte ihn die Gauḍīya-Vaiṣṇava-Gesellschaft 1947 mit dem Titel „Bhaktivedanta“. Im Jahre 1950 zog sich Śrīla Prabhupāda schließlich aus dem Familienleben zurück. Vier Jahre später trat er in den *vānaprastha*-Stand (Leben in Zurückgezogenheit) ein, um seinen Studien und seiner Schreibtätigkeit mehr Zeit widmen zu können. Bald danach begab er sich zu dem heiligen Ort Vṛndāvana in der Nähe von Agra, wo er unter bescheidensten Verhältnissen im mittelalterlichen Rādhā-Dāmodara-Tempel lebte. Dort verbrachte er mehrere Jahre mit eingehenden Studien und dem Schreiben. 1959 trat er in den Lebensstand der Entsagung *(sannyāsa)* ein. Im Rādhā-Dāmodara-Tempel begann er mit der Arbeit an seinem Lebenswerk – einer vielbändigen, kommentierten Übersetzung des 18 000 Verse umfassenden *Śrīmad-Bhāgavatam (Bhāgavata Purāṇa)*. Dort entstand auch das Buch *Easy Journey to Other Planets.*

Nachdem er drei Bände des *Śrīmad-Bhāgavatam* veröffentlicht hatte, reiste er 1965 in die USA, um die Mission seines spirituellen Meisters zu erfüllen. In der Folge schrieb er mehr als 50 Bände autoritativer, kommentierter Übersetzungen und zusammenfassender Studien der wichtigsten philosophischen und religiösen Klassiker Indiens.

Als Śrīla Prabhupāda per Frachtschiff im Hafen von New York ankam, war er so gut wie mittellos. Erst im Juli 1966, nach fast einem Jahr voller Schwierigkeiten, gründete er die Internationale Gesellschaft für Krishna-Bewusstsein (ISKCON). Bis zu seinem Verscheiden am 14. November 1977 leitete er die Gesellschaft persönlich und konnte miterleben, wie sie sich zu einer weltweiten Bewegung mit über einhundert *āśramas,* Schulen, Tempeln und Farmgemeinschaften entwickelte.

1972 führte Śrīla Prabhupāda mit der Gründung einer *gurukula*-Schule in Dallas die vedische Pädagogik für das Grund- und Mittelstufenschulwesen in der westlichen Welt ein.

Auch in Indien veranlasste Śrīla Prabhupāda den Aufbau verschiedener internationaler, kultureller Zentren. In Māyāpur in Westbengalen bauen die Gottgeweihten nun eine spirituelle Stadt am Ganges, die um einen großen Tempel angelegt ist; ein ambitioniertes Projekt, dessen Fertigstellung noch mehrere Jahre in Anspruch nehmen wird. In Vṛndāvana im Norden Indiens gibt es den prächtigen und vielbesuchten Krishna-Balarama-Tempel sowie ein internationales Gästehaus, eine *gurukula*-Schule, Śrīla Prabhupādas Mausoleum und ein Museum. Auch in Mumbai, Delhi, Tirupati, Ahmedabad, Siliguri, Ujjain und vielen anderen indischen Orten gibt es Tempel, kulturelle Zentren und Farmgemeinschaften, die von Śrīla Prabhupāda geplant wurden.

Śrīla Prabhupādas wichtigster Beitrag sind jedoch seine Bücher. Von Gelehrten wegen ihrer Autorität, Tiefe und Klarheit geschätzt, werden sie als Lehrbücher in zahlreichen Universitäten und Seminaren benutzt. Seine Werke wurden bereits in über 80 Sprachen übersetzt. Die

Bhagavad-gītā wie sie ist ist mittlerweile in 59 Sprachen erhältlich. Der von Śrīla Prabhupāda im Jahre 1972 gegründete Bhaktivedanta Book Trust (BBT) hat sich zum weltweit größten Verlag für religiöse und philosophische Literatur Indiens entwickelt.

Quellennachweis

Alle Aussagen in der *Śrī Īśopaniṣad* werden von anerkannten Vaiṣṇava-Autoritäten bestätigt. Die folgenden authentischen Schriften sind auf den angegebenen Seiten zitiert oder angeführt.

Atharva Veda
zitiert, 65, 66

Bhagavad-gītā
angeführt, *x*, *xi*, *xiii*, 5, 8, 11, 12, 15, 19, 20, 22, 23, 24, 29, 32, 33, 36, 37, 38, 41, 42, 45, 47, 51, 58, 60, 64, 65, 66, 67, 73, 74, 75, 78, 81, 89, 90, 93
zitiert, *viii*, *xiii*, *xiv*, 57, 58, 64, 76–77, 77, 91, 92

Bhagavat-sandarbha
zitiert, 85

Brahma-saṁhitā
angeführt, 18, 25, 35
zitiert, *xii*, *xiii*, 66, 80, 84

Hari-bhakti-sudhodaya
angeführt, 41

Kaṭha Upaniṣad
angeführt, 87

Mokṣa-dharma
zitiert, 66

Muṇḍaka Upaniṣad
angeführt, 43
zitiert, 80

Ṛg Veda
angeführt, 14

Śrīmad-Bhāgavatam
angeführt, *xiv*, *xv*, 37, 51, 67, 81, 100
zitiert, 55, 68, 69, 78, 94, 99

Varāha Purāṇa
zitiert, 66

Vedānta-sūtra
angeführt, 67
zitiert, *xv*, 32

Viṣṇu Purāṇa
angeführt, 18
zitiert, 72

Glossar

Bg. – *Bhagavad-gītā*
Cc. – *Śrī Caitanya-caritāmṛta*
Bhāg. – *Śrīmad-Bhāgavatam*

Akrūra – (*a* – verneinendes Präfix; *krūra* – einer, der grausam ist) „einer, der nicht grausam ist"; Onkel Kṛṣṇas. Vgl. *Bhāg.* 1.11.16–17.

Ācārya – spiritueller Meister, der durch sein Beispiel lehrt.

Adhīra – Gegensatz von *dhīra.*

Akarma – Handlungen, die nicht an die materielle Welt binden. *Siehe auch: Karma, Karma-yoga, Vikarma.*

Amara – (*a* – nicht; *mara* – sterblich) die Segnung der Unsterblichkeit, die Hiraṇyakaśipu von Brahmā verlangte. Vgl. *Bhāg.* 7.3.35 bis 7.4.3.

Ānanda – der Speicher aller Freude; spirituelle Glückseligkeit.

Ananta – „unendlich"; eine der Eigenschaften Kṛṣṇas.

Antaryāmī – die Überseele; der Herr in Seinem Paramātmā-Aspekt. *Siehe auch:* Paramātmā.

Anumāna – Mutmaßungen mittels gedanklicher Spekulation; zweite von drei Arten der Aneignung von Wissen. *Siehe auch: Pratyakṣa, Śabda.*

Anupaśyati – (*anu* – durch Folgen; *paśyati* – beobachten, sehen); die Dinge im richtigen Licht sehen, indem man dem Beispiel der vorangegangenen *ācāryas* folgt.

Aparā prakṛti – (*a* – negierende Vorsilbe; *parā* – transzendental; *prakṛti* – Natur, Kraft, Energie) die niedere Energie, die materielle Natur. Vgl. *Bg.* 7.4–5. *Siehe auch: Parā prakṛti.*

Apauruṣeya – „jenseits der materiellen Welt mit ihren Bedingtheiten"; Bezeichnung für die Worte des Höchsten Herrn.

Arcā-vigraha – Bildgestalt des Herrn (im Tempel), durch die der Herr es dem Gottgeweihten ermöglicht, Ihm persönlich zu dienen.

Arjuna – Freund Kṛṣṇas; einer der fünf Pāṇḍava-Brüder, dem Kṛṣṇa die *Bhagavad-gītā* verkündete. Vgl. *Bhāg.* 1.12.21.

Āroha – „der aufsteigende Pfad"; der induktive Weg (durch Nachforschen), Wissen zu erwerben.

Āśrama – 1. die vier spirituellen Ordnungen des Lebens: 1) im Zölibat lebender Student der vedischen Schriften, 2) Haushälter, 3) in Zurückgezogenheit Lebender und 4) in Entsagung Lebender; 2. Wohnstätte eines Heiligen.

Asuraṁ bhāvam āśritāḥ – „atheistische, dämonische Menschen". Vgl. *Bg.* 7.15.

Atharva Veda – einer der vier Veden.

Ātmā – das Selbst (Seele, Geist oder Körper).

Ātmā-bhūta – *siehe: Brahma-bhūta.*

Ātma-hā – (*ātma* – Seele; *hā* – Mörder) „Mörder der Seele"; Bezeichnung für jemanden, der die Möglichkeiten des menschlichen Lebens nicht nutzt und in niedere Lebensformen zurückfällt.

Avidyā – (*a* – verneinendes Präfix; *vidyā* – Wissen) Unwissenheit; die Förderung materiellen Wissens.

Avyakta – der unmanifeste Zustand nach der Vernichtung der unteren und mittleren Planeten des Universums.

Baladeva – (*bala* – spirituelle Stärke; *deva* – der Höchste Persönliche Gott) anderer Name Balarāmas.

Baladeva Vidyābhūṣaṇa – Vaiṣṇava-*ācārya* des Madhva-sampradāya; Verfasser des *Govinda-bhāṣya*-Kommentars zum *Vedānta-sūtra.*

Balarāma – (*bala* – spirituelle Stärke; *rāma* – der Speicher spiritueller Freude) Kṛṣṇas älterer Bruder. Vgl. *Bhāg.* 1.11.16–17.

Bali Mahārāja – (*bali* – Gabe, Geschenk); Enkel Prahlāda Mahārājas; König der Dämonen, der zunächst das gesamte Universum unter seine Herrschaft brachte, doch dann seinen ganzen Besitz Kṛṣṇa in dessen Inkarnation als Vāmana opferte und so zum reinen Gottgeweihten wurde. Vgl. *Bhāg.* 8. Canto, Kap. 15–21.

Bhagavad-gītā – die von Kṛṣṇa selbst dem Arjuna vor fünftausend Jahren auf dem Schlachtfeld von Kurukṣetra verkündeten grundlegenden Unterweisungen in Bezug auf spirituelles Leben.

Bhagavān – der Höchste Herr in Seiner Eigenschaft als Besitzer aller sechs Arten der Herrlichkeit (Reichtum, Macht, Ruhm, Schönheit, Wissen und Entsagung) in vollendeter Form; der höchste Aspekt der Absoluten Wahrheit nach Brahman und Paramātmā.

Bhāgavata – wörtlich „in Beziehung zum Persönlichen Gott (Bhagavān)". 1. Gottgeweihter; 2. heilige Schrift über Gott.

Bhāgavatam – Kurzform für *Śrīmad-Bhāgavatam.*

Bhāgavata-Schule – Angehörige und Nachfolger des Vishnuismus.

Bhakta – Gottgeweihter.

Bhakti – Hingabe an Gott.

Bhaktivinoda Ṭhākura – (1838–1914) *ācārya* des Gauḍīya-Vaiṣṇava-sampradāya (Schüler von Jagannātha Dāsa Bābājī, spiritueller Meister von Gaurakiśora Dāsa Bābājī); Vater von Bhaktisiddhānta Sarasvatī Gosvāmī; verfasste mehr als einhundert Bücher und zahlreiche Lieder (auch in englischer Sprache).

Bhakti-yoga – Verbindung mit dem Höchsten Herrn durch hingebungsvollen Dienst.

Brahmā – das höchste Lebewesen in jeweils einem Universum; wird zu Beginn der Schöpfung auf der Lotosblüte geboren, die dem Nabel Garbhodakaśāyī Viṣṇus entsprießt; erschafft auf Anordnung Viṣṇus die Körper aller Lebewesen im Universum; für die Erscheinungsweise der Leidenschaft zuständig.

Brahma-bhūta – Stufe der Befreiung aus der materiellen Verstrickung, auf der man von spiritueller Freude erfüllt ist – jenseits von Begehren und Klagen – und mit universaler Sicht sieht.

Brahmacārī – jemand, der im *brahmacarya* lebt.

Brahmacarya – im Zölibat lebender Student der vedischen Schriften; die erste Ordnung im vedischen spirituellen Leben.

Brahmajyoti – die alldurchdringende, gleißende spirituelle Ausstrahlung, die von der transzendentalen Gestalt des Höchsten Herrn und den Vaikuṇṭha-Planeten ausgeht; der spirituelle Himmel, in dem die Vaikuṇṭha-Planeten schweben; auch bekannt als „das weiße Licht", das Ziel der Unpersönlichkeitsanhänger, das Brahman.

Brahma-loka – (*brahmā* – Brahmā; *loka* – Platz, Welt, Himmel) der Planet Brahmās.

Brahman – die Absolute Wahrheit; meist der unpersönliche Aspekt des Absoluten; das *brahmajyoti;* die spirituelle Natur.

Brāhmaṇa – jemand, der in den Veden bewandert ist und folglich der Gesellschaft spirituelle Führung zu geben vermag; die erste vedische Gesellschaftsschicht.

Brahma-randhra – höchste Stelle des Kopfes, durch die die Seele eines vollkommenen *yogī* den Körper verlässt.

Brahma-saṁhitā – von Brahmā nach seiner Erleuchtung verfasste Schrift zum Lobpreis Kṛṣṇas.

Brahma-sampradāya – *siehe:* Vaiṣṇava-sampradāya(s) und Madhva.

Caitanya Mahāprabhu – Inkarnation Kṛṣṇas; vor etwa 500 Jahren in Bengalen erschienen, um das Singen der heiligen Namen des Herrn als den Vorgang der Gotteserkenntnis im gegenwärtigen Zeitalter des Kali einzuführen.

Cit – „voll Wissen".

Dāsya(-rasa) – die ewige Beziehung als Diener des Höchsten Herrn.

Devakī – Frau Vasudevas; Kṛṣṇas „leibliche" Mutter.

Dharma – 1. die ewige, tätigkeitsgemäße Pflicht; 2. religiöse Grundsätze.

Dhīra – Weiser; nicht durch *māyā* verwirrter Gottgeweihter.

Dvāpara-yuga – *siehe: Yuga(s)*

Dvija-bandhu – (*dvija* – „Zweimalgeborener" [d.h. ein *brāhmaṇa*]; *bandhu* – Freund), „Freund der Zweimalgeborenen"; Bezeichnung für gefallene Nachkommen der höheren Kasten, die nicht die entsprechende Befähigung besitzen.

Ekādaśī – wörtlich: „der elfte Tag" (nach jeweils Voll- und Neumond); besonderer Tag zur verstärkten Erinnerung an Kṛṣṇa, an dem Vaiṣṇavas entweder ganz fasten oder sich zumindest des Essens von Getreide und Hülsenfrüchten aller Art enthalten.

Garbhodakaśāyī Viṣṇu – (*garbha* – das innere; *udaka* – Meer; *śāyī* – jemand, der liegt) der zweite *puruṣa-avatāra*; Erweiterung Mahā-

Viṣṇus; liegt in jedem Universum auf Śeṣa im Garbhodaka-Meer; auf der Lotosblüte, die aus Seinem Nabel sprießt, wird Brahmā geboren. Vgl. *Cc. Madhya* 20.285–293.

Gauḍīya-Vaiṣṇavas – die Vaiṣṇavas aus Bengalen (Gauḍa), die Anhänger Caitanya Mahāprabhus sind.

Gauḍīya-Vaiṣṇava-sampradāya – Nachfolge der spirituellen Meister nach Caitanya Mahāprabhu.

Goloka (Vṛndāvana) – *siehe:* Vṛndāvana.

Gopīs – Kṛṣṇas Kuhhirtenfreundinnen in Vṛndāvana, die sich auf der höchsten Stufe reiner Gottesliebe in amouröser Beziehung befinden.

Gosvāmī – wörtl.: „Meister der Sinne"; Titel der Vaiṣṇava-*sannyāsīs.*

Govardhana-Hügel – Hügel in der Nähe von Vṛndāvana, den Kṛṣṇa hochhob, um die Einwohner von Vṛndāvana vor Indras verheerendem Unwetter zu schützen. Beschreibung: *Bhāg.* 10. Canto, Kap. 24–25.

Govinda – (*go* – Kühe, Sinne, Land; *vinda* – jemand, der Freude gewährt) „derjenige, der die Kühe, die Sinne und das Land erfreut" (ein Name Kṛṣṇas).

Govinda-bhāṣya – Kommentar von Baladeva Vidyābhūṣaṇa zum Vedānta-sūtra.

Gṛhastha – reguliertes Haushälterleben; die zweite Ordnung des vedischen spirituellen Lebens.

Guru Mahārāja – *siehe: Guru.*

Guru – spiritueller Meister.

Hanumān – großer Geweihter Rāmacandras in der Gestalt eines Affen. Beschreibung: *Rāmāyaṇa.*

Hare-Kṛṣṇa-mantra – *siehe: Mahā-mantra.*

Haṭha-yoga – System von Übungen zur Beherrschung des Körpers und des Geistes. Vgl. *Bg.* 6.12–14.

Hiraṇmaya-pātra – die leuchtende Verhüllung des Höchsten Herrn in Form des *brahmajyoti.*

Hiraṇyakaśipu – (*hiraṇya* – Gold; *kaśipu* – weiches Bett) ein dämonischer König, der das gesamte Universum unter seine Herrschaft brachte. Als er seinen Sohn, Prahlāda Mahārāja, einen großen Gottgeweihten, zu töten versuchte, wurde er von der Nṛsiṁha-Inkarnation des Herrn vernichtet.

Īśāvāsya – Lebensauffassung, die Gott in den Mittelpunkt stellt.
Īśvara – wörtl.: „Herrscher, Lenker".

Jīva Gosvāmī – einer der sechs Gosvāmīs; Neffe Rūpa und Sanātana Gosvāmīs; gründete in Vṛndāvana den Rādhā-Dāmodara-Tempel und verfasste zahllose Vaiṣṇava-Schriften. Hauptwerke: *Bhāgavat-sandarbha* (*Ṣaṭ-sandarbha*) und *Gopāla-campū*. Inkarnation der *gopī* Vilāsa-mañjarī. Vgl. *Cc. Antya* 10.85, *Madhya* 1.43–44.
Jīva-śakti – (*jīva* – Leben; *śakti* – Kraft) „Lebenskraft"; die befreiten und bedingten Seelen in ihrer Gesamtheit als marginale Energie des Herrn.
Jñāna – die Kultivierung von Wissen.
Jñāna-kāṇḍa – Teil der Veden, der das Wissen um das Brahman, die spirituelle Natur, enthält.
Jñānī – empirische Philosophen.

Kali-yuga – *siehe: Yuga(s).*
Kaniṣṭha-adhikārī – Gottgeweihter auf der untersten Stufe. Vgl. *Cc. Madhya* 22.64–82. *Siehe auch: Madhyama-adhikārī, Uttama-adhikārī.*
Kāraṇodakaśāyī Viṣṇu – *siehe:* Mahā-Viṣṇu.
Karma – gewinnorientiertes, eigennütziges Handeln (karmische Werke wie zum Beispiel das Darbringen von Opfern, wodurch der Ausführende auf die himmlischen Planeten erhoben werden möchte), auf das immer eine Reaktion folgt, entweder eine gute oder eine schlechte. *Siehe auch: Akarma, Vikarma, Karma-yoga.*
Karma-bandhana – „bindende Handlungen"; Tun, das den Handelnden durch das Gesetz des *karma* an die materielle Welt bindet. *Siehe auch: Akarma, Karma, Vikarma, Karma-yoga.*
Karma-kāṇḍa – Teil der Veden, der karmische Werke zur Erhebung in eine höhere materielle Stellung beschreibt.
Karma-phala – Reaktionen des eigenen Handelns.
Karma-yoga – Tätigkeiten im Gottesbewusstsein, durch die man aus der materiellen Welt befreit wird.

Karmī – jemand, der zufrieden ist, hart zu arbeiten, um vergängliche Sinnenfreude zu genießen.

Kaṭha Upaniṣad – eine der elf Haupt-Upaniṣaden.

Kīrtana – das Lobpreisen der Herrlichkeit des Herrn 1) durch das Singen vedischer Hymnen oder *mantras* und 2) durch Sprechen oder Vortragen.

Kṛṣṇa – wörtl.: „der auf alles anziehend Wirkende"; der Höchste Persönliche Gott in Seiner ursprünglichen zweihändigen Gestalt als Flöte spielender Kuhhirtenknabe.

Kṛṣṇaloka – *siehe:* Vṛndāvana.

Kṣatriya – jemand, der unter der AnLeitung der *brāhmaṇas* die Gesellschaft verwaltet und beschützt (Staatsmänner und Krieger); die zweite vedische Gesellschaftsschicht.

Kṣīrodakaśāyī Viṣṇu – (*kṣīra* – Milch; *udaka* – Meer; *śāyī* – jemand, der liegt) der dritte *puruṣa-avatāra;* Erweiterung Garbhodakaśāyī Viṣṇus; liegt in jedem Universum auf Śeṣa im Meer der Milch auf Śvetadvīpa; alldurchdringende Überseele und Erhalter des Universums. Vgl. *Cc. Madhya* 20.294–295.

Kumāra-sampradāya – *siehe:* Vaiṣṇava-sampradāya(s) und Nimbārka Svāmī.

Kuntī – Tante Kṛṣṇas; Schwester Vasudevas; Mutter der fünf Pāṇḍavas; auch bekannt als Pṛthā. Vgl. *Bhāg.* 1.13.3–4.

Lakṣmī – die Glücksgöttin; die Gefährtin Nārāyaṇas in Vaikuṇṭha.

Lakṣmīs – „Glücksgöttinnen".

Līlā – ein transzendentales Spiel Kṛṣṇas oder Seiner Erweiterungen.

Mādhurya(-rasa) – die ewige Beziehung zu Kṛṣṇa in amouröser Liebe.

Madhvācārya – (1239–1319) einer der vier Haupt-*ācāryas* des Vishnuismus in der Nachfolge des Brahma-sampradāya; stellte die Philosophie des *śuddha-dvaita,* des „reinen Dualismus", auf; beschreibt hauptsächlich drei Wesenheiten – den Höchsten Herrn, die *jīvas* und die materielle Welt; bekämpfte Śaṅkaras Lehre des Unpersönlichen. Vgl. *Cc. Madhya* 9.245.

Madhva-sampradāya – *siehe:* Vaiṣṇava-sampradāya(s) und Madhva.

Madhyama-adhikārī – der Gottgeweihte auf der mittleren Stufe. Vgl. *Cc. Madhya* 22.64–82. *Siehe auch: Kaniṣṭha-adhikārī, Uttama-adhikārī.*

Mahā-bhāgavata – Gottgeweihter ersten Ranges, der alles in Beziehung zum Höchsten Herrn sieht. *Siehe auch: Uttama-adhikārī.*

Mahābhārata – „die Geschichte Indiens"; Werk Vyāsadevas für das Verständnis der Frauen, *śūdras* und *dvija-bandhus*, die so Zugang zum vedischen Wissen bekommen; enthält die *Bhagavad-gītā* als „Zusammenfassung der Veden".

Mahā-mantra – das große *mantra* zur Befreiung: Hare Kṛṣṇa, Hare Kṛṣṇa, Kṛṣṇa Kṛṣṇa, Hare Hare / Hare Rāma, Hare Rāma, Rāma Rāma, Hare Hare.

Mahārāja Parīkṣit – *siehe:* Parīkṣit Mahārāja.

Mahārāja – wörtlich: „großer König"; 1. Titel der vedischen Weltherrscher und Könige; 2. Titel des Vaiṣṇava-*sannyāsī* in seiner Eigenschaft als Beherrscher („König") der Sinne.

Mahā-Viṣṇu – der erste *puruṣa-avatāra,* auch bekannt als Kāraṇodakaśāyī Viṣṇu; vollständige Erweiterung Kṛṣṇas; liegt im Meer der Ursachen und erschafft und vernichtet mit jedem Aus- und Einatmen alle materiellen Universen. Vgl. *Cc. Madhya* 20.250–285.

Mantra – Klangschwingung, die den Geist von Täuschung befreien kann.

Martyaloka – das mittlere, irdische Planetensystem.

Māyā – wörtl.: „das, was nicht ist"; Täuschung oder Illusion; das Vergessen der Beziehung zu Kṛṣṇa.

Māyāvāda-Schule – *siehe:* Māyāvādīs.

Māyāvādīs – Vertreter der Lehre des Unpersönlichen, die behaupten, der Herr könne keinen transzendentalen Körper haben und sei deshalb formlos.

Māyayāpahṛtha-jñānāḥ – „diejenigen, deren Wissen durch Illusion gestohlen ist"; Bezeichnung für materialistische Wissenschaftler, Philosophen usw. Vgl. *Bg.* 7.15.

Mṛtyuloka – (*mṛtyu* – Tod; *loka* – Ort) „der Ort des Todes"; die materielle Welt.

Mūḍha – „Esel"; Bezeichnung für den grobmaterialistischen Menschen. Vgl. *Bg.* 7.15.

Mukti – Befreiung aus dem materiellen Dasein und (meist) Eingehen in das unpersönliche Brahman; Ziel der Unpersönlichkeitsanhänger.

Nāma-saṅkīrtana – das gemeinsame Singen der heiligen Namen des Herrn.

Nārada Muni – Sohn Brahmas und großer Gottgeweihter; auch als Weiser unter den Halbgöttern (*devarṣi*) und als „Raumfahrer" bekannt, da er ständig auf dem Luftweg von Ort zu Ort reist, predigt und mit seiner *vīṇā* die Herrlichkeit des Herrn lobpreist; spiritueller Meister Vyāsadevas, Prahlāda Mahārājas und vieler anderer großer Gottgeweihter. Vgl. *Bhāg.* 1.9.6–7.

Narādhama – (*nara* – Mensch; *adhama* – der niedrigste), „der Niedrigste unter den Menschen". Vgl. *Bg.* 7.15.

Nārāyaṇa – (*nāra* – Lebewesen; *ayana* – Ruhestätte), „die Ruhestätte aller Lebewesen" (nach der Vernichtung des Universums); Name Kṛṣṇas in Seinem Viṣṇu-Aspekt.

Nimbārka Svāmī – einer der vier Haupt-*ācāryas* des Vishnuismus in der Nachfolge des Kumāra-sampradāya.

Nirguṇa – „ohne Eigenschaften"; Bezeichnung für den Herrn, der keinerlei materielle, sondern transzendentale Eigenschaften besitzt. *Siehe auch: Saguṇa.*

Parā prakṛti – (*parā* – transzendental; *prakṛti* – Natur, Kraft, Energie) die höhere Energie oder die Lebewesen. Vgl. *Bg.* 7.4–5. *Siehe auch: Aparā prakṛti.*

Parabrahman – wörtlich: „das Höchste Brahman"; eine Bezeichnung für den Höchsten Herrn.

Paramahaṁsa – wörtlich: „der höchste Schwan"; ein Gottgeweihter höchsten Ranges; die höchste Stufe des *sannyāsa*-Standes.

Paramātmā – wörtlich: „die Höchste Seele"; Bezeichnung für den Höchsten Herrn, der als Überseele im Herzen eines jeden weilt.

Parameśvara – wörtlich: „der höchste Herrscher"; eine Bezeichnung für den Höchsten Herrn.

Paramparā – eine Kette spiritueller Meister, die zueinander in der Beziehung Meister–Schüler stehen.

Parā-śakti – (*parā* – transzendental; *śakti* – Kraft); andere Bezeichnung für *parā prakṛti.*

Paribhūḥ – „der Allüberragende"; Bezeichnung für den Höchsten Herrn.

Parīkṣit Mahārāja – Enkel der Pāṇḍavas; Weltherrscher nach Yudhiṣṭhira; hörte von Śukadeva Gosvāmī das *Śrīmad-Bhāgavatam* sieben Tage lang bis zu seinem Tod und erreichte so die Vollkommenheit.

Prabhupāda – Titel von Vaiṣṇava-*acāryas,* der sie als Vertreter des Höchsten Herrn kennzeichnet.

Prahlāda Mahārāja – (*prahlāda* – einer, der von Freude erfüllt ist) großer Gottgeweihter; als sein dämonischer Vater ihn zu töten versuchte, erschien Śrī Nṛsiṁhadeva und vernichtete den Dämon. Vgl. *Bhāg.* 7. Canto, Kap. 1–10.

Prakṛti – „Natur, Kraft, Energie". *Siehe: Aparā prakṛti, Para prakṛti.*

Prāṇa-vāyu – (*prāṇa* – Lebensodem; *vāyu* – Luft) die Gesamtheit der verschiedenen Luftarten, die im Körper zirkulieren.

Prasāda – wörtlich: „Barmherzigkeit"; Speise, die spiritualisiert ist, weil sie dem Herrn geopfert wurde.

Pratyakṣa – „unmittelbare Wahrnehmung"; erste von drei Arten der Aneignung von Wissen. *Siehe auch: Anumāna, Śabda.*

Pṛthu Mahārāja – ein *āveśa-avatāra,* d. h. eine besonders ermächtigte Erscheinungsform des Herrn (nicht *viṣṇu-tattva*) mit der Aufgabe, als vorbildlicher König die Menschen zu schützen und die ganze Erde zu kultivieren. Vgl. *Bhāg.* 4. Canto, Kap. 15–23.

Purāṇas – Aufzeichnungen geschichtlicher Ereignisse aus dem ganzen Universum in Beziehung zum Höchsten Herrn und Seinen Geweihten.

Pūrṇam – „allvollkommen"; Eigenschaft des Höchsten Herrn.

Puruṣa – „der höchste Genießer"; Bezeichnung für den Höchsten Herrn.

Pūṣan – „der endgültige Erhalter"; Bezeichnung für den Höchsten Herrn.

Rāma – („der Speicher aller Freude") 1. Kurzform von Balarāma; 2. Kurzform von Rāmacandra.

Rāmacandra – (*rāma* – spirituelle Freude; *candra* – Mond) Inkarnation Kṛṣṇas im Tretā-yuga als vorbildlicher König; vernichtete den Dämon Rāvaṇa. Beschreibung: *Rāmāyaṇa*, *Bhāg.* 1.12.19; 9. Canto.

Rāmānujācārya – einer der vier Haupt-*ācāryas* des Vishnuismus in der Nachfolge des Śrī-sampradāya.
Rasa – Wohlgeschmack (liebevolle Stimmung), die der Gottgeweihte in Beziehung zum Höchsten Herrn kostet.
Rāsa-līlā – Kṛṣṇas transzendentaler Liebestanz mit den *gopīs*.
Ṛg Veda – der älteste Teil der vier Veden.
Ṛṣi – Weiser.
Rudra-sampradāya – *siehe:* Vaiṣṇava-sampradāya(s), Viṣṇusvāmī.

Śabda – „Klang", Wissen durch Hören; dritte von drei Arten der Aneignung von Wissen. *Siehe auch: Pratyakṣa, Anumāna.*
Śabda-brahma – transzendentale vedische Klänge.
Śabda-pramāṇa – Bezeichnung für das vedische Wissen.
Sac-cid-ānanda-vigraha – (*sat* – ewig; *cit* – voller Wissen; *ānanda* – voll Glückseligkeit; *vigraha* – Gestalt); der Höchste Herr in Seiner ewigen Gestalt voll Wissen und Glückseligkeit.
Saguṇa – „mit Eigenschaften"; Bezeichnung für den Herrn, der transzendentale Eigenschaften besitzt. *Siehe auch: Nirguṇa.*
Sakhya(-rasa) – die ewige Beziehung als Freund des Höchsten Herrn.
Sāma Veda – einer der vier Veden.
Samādhi – Trance; völlige Versenkung im Kṛṣṇa-Bewusstsein.
Sambhūti – „der ewige Persönliche Gott, der alle Herrlichkeit in sich birgt".
Śaṅkarācārya – Inkarnation Śivas, der im Kali-yuga als *brāhmaṇa* erschien, um durch eine verdrehte Auslegung des *Vedānta-sūtra* die Lehre des Unpersönlichen zu verbreiten.
Śaṅkara-sampradāya – Nachfolge der spirituellen Meister nach Śaṅkarācārya.
Saṅkīrtana – das gemeinsame Singen der heiligen Namen des Herrn in der Öffentlichkeit; der vorgeschriebene *yoga*-Vorgang für das gegenwärtige Zeitalter.
Sannyāsa – Leben in Entsagung; die vierte Ordnung im vedischen spirituellen Leben.
Sannyāsī – in Entsagung lebender Mönch.
Śāstras – offenbarte Schriften.
Sat – „ewig".

Satya-yuga – *siehe: Yuga(s).*

Śrī – anderer Name für Lakṣmī.

Śrīmad-Bhāgavatam – auch als *Bhāgavata Purāṇa* bekannt; der 18 000 Verse umfassende Kommentar Śrīla Vyāsadevas zu seinem eigenen *Vedānta-sūtra;* die reife Frucht am Baum der vedischen Literatur, die vollständigste und autoritativste Darlegung vedischen Wissens.

Śrīmat – (wohlhabender) Angehöriger des Kaufmannsstandes.

Śrī-sampradāya – *siehe:* Vaiṣṇava-sampradāya(s), Rāmānujācārya.

Śruti – „Wissen, das man durch Hören erwirbt" (Bezeichnung für die Veden).

Strī – „Frau(en)".

Śuci – „spirituell fortgeschrittener *brāhmaṇa*".

Śūdra – Arbeiter; die vierte Schicht in der vedischen Gesellschaft.

Śukadeva Gosvāmī – Sohn Vyāsadevas, der das *Śrīmad-Bhāgavatam* schon im Leib seiner Mutter von seinem Vater hörte und es später dem sterbenden Mahārāja Parīkṣit vortrug. Vgl. *Bhāg.* 1.9.8.

Suras – Halbgötter (auch: Gottgeweihte); Gegensatz: *Asuras.*

Svargaloka – das höhere, himmlische Planetensystem.

Tretā-yuga – *siehe: Yuga(s).*

Upaniṣaden – 108 an der Zahl unter verschiedenen Namen (z. B. *Īśa Upaniṣad* oder *Īśopaniṣad*); Werke Vyāsadevas, die das Wesen der Absoluten Wahrheit beschreiben.

Uttama-adhikārī – Gottgeweihter auf der höchsten Stufe. Vgl. *Cc. Madhya* 22.64–82. *Siehe auch: Kaniṣṭha-adhikārī, Madhyama-adhikārī.*

Vaikuṇṭha – (*vai* – ohne; *kuṇṭha* – Angst) „frei von aller Angst"; die spirituelle Welt.

Vaikuṇṭhaloka(s) – die Planeten im spirituellen Himmel.

Vaiṣṇava – ein Geweihter Viṣṇus, Kṛṣṇas.

Vaiṣṇava-sampradāya – eine der vier Schülernachfolgen der Vaiṣṇavas: 1. Brahma-sampradāya, bekannter als Madhva-sampradāya, Madhva-Gauḍīya-sampradāya oder Gauḍīya-Vaiṣṇava-sampradāya (von Brahmā ausgehend), 2. Rudra-sampradāya (von Śiva ausgehend), 3. Śrī-sampradāya (von Lakṣmī ausgehend) und 4. Kumāra-sampradāya (von den Kumāras ausgehend).

Vaiśyas – die Bauern und Kaufleute; die dritte Schicht in der vedischen Gesellschaft.

Vānaprastha – das Leben in Zurückgezogenheit; die dritte Ordnung im vedischen spirituellen Leben.

Varāha – (*varāha* – Eber) Eber-Inkarnation; eine der *viṣṇu-tattva*-Erweiterungen Kṛṣṇas.

Varṇa – die vier tätigkeitsgemäßen Unterteilungen der Gesellschaft: die intellektuelle Klasse, die verwaltende Klasse, die kaufmännische Klasse und die arbeitende Klasse.

Varṇaśrama – das vedische Gesellschaftssystem der vier sozialen Schichten und vier spirituellen Stände.

Vāsudeva – 1. „der Sohn Vasudevas" (ein Name Kṛṣṇas); 2. eine der *viṣṇu-tattva*-Erweiterungen Kṛṣṇas.

Vasudeva – Kṛṣṇas „leiblicher" Vater. Vgl. *Bhāg.* 1.11.16–17.

Vedānta – *siehe: Vedānta-sūtra.*

Vedānta-sūtra – wörtlich: „das Ende des Wissens"; vedische Schrift in Aphorismen.

Veda-vāda-rata(s) – angeblich in den *Veden* bewanderte Menschen, die die Autorität der großen *ācāryas* missachten.

Vidyā – transzendentales Wissen; Gegensatz: *Avidyā.*

Vigraha – „Gestalt".

Vikarma – Handlungen gegen die Anweisungen der heiligen offenbarten Schriften oder des spirituellen Meisters.

Vināśa – „das, was der Vernichtung unterliegt"; die vergängliche materielle Schöpfung.

Virāṭ-rūpa – „die kosmische Gestalt" des Höchsten Herrn. Vgl. *Bhāg.* 2.5.35–6.11.

Viṣṇu – wörtlich „der Alldurchdringende"; Erscheinungsform Kṛṣṇas mit vier oder mehr Armen in vielfältigen Aspekten.

Viṣṇusvāmī – einer der vier Haupt-*ācāryas* des Vishnuismus in der Nachfolge des Rudra-sampradāya.

Viṣṇu-tattva – Erweiterungen des ursprünglichen Persönlichen Gottes (Kṛṣṇa), die alle gleichermaßen Gott sind.

Vṛndāvana – wörtlich „der Wald Vṛndās". 1. Goloka Vṛndāvana

(Kṛṣṇaloka): Kṛṣṇas persönliches Reich in der spirituellen Welt; 2. Gokula Vṛndāvana: Abbild Goloka Vṛndāvanas in der materiellen Welt, wenn Kṛṣṇa erscheint; heute noch gelegen in Nordindien, etwa 140 Kilometer südöstlich von Neu-Delhi.

Vṛndāvana-dhāma – wörtl. „das Reich von Vṛndāvana".

Vyāsadeva – Inkarnation Kṛṣṇas; legte das bis vor fünftausend Jahren mündlich überlieferte vedische Wissen schriftlich nieder. Hauptwerke: die vier Veden, *Mahābhārata* (inkl. *Bhagavad-gītā*), *Vedānta-sūtra* und *Śrīmad-Bhāgavatam*. Vgl. *Bhāg.* 1.9.6–7.

Yoga – wörtlich: „Verbindung"; Vorgang, sich mit Gott zu verbinden.

Yoga-bhraṣṭa – (*yoga* – der Pfad der Selbsterkenntnis; *bhraṣṭa* – Gefallener) vom Pfad der Selbsterkenntnis abgekommene Seele. Vgl. *Bg.* 6.41–42.

Yogī – jemand, der sich im *yoga* übt.

Yuga(s) – Zeitabschnitt im Universum. Die Dauer des materiellen Universums ist begrenzt; es manifestiert sich in periodisch wiederkehrenden *kalpas*. Ein *kalpa* entspricht einem Tag Brahmās (4 320 000 mal 1000 Jahre irdischer Zeitrechnung), denn ein Tag Brahmās dauert 1000 Zyklen der vier *yugas* Satya, Tretā, Dvāpara und Kali. Das Satya-yuga ist durch Tugend, Weisheit und Religiosität gekennzeichnet; es herrscht so gut wie keine Unwissenheit und kein Laster. Dieses *yuga* dauert 1 728 000 Jahre; die Menschen leben 100 000 Jahre. Im Tretā-yuga nehmen Tugend und Religion zu 25 Prozent ab, und es treten Laster auf. Dieses *yuga* dauert 1 296 000 Jahre; die Menschen leben 10 000 Jahre. Im Dvāpara-yuga nehmen die guten Eigenschaften zu 50 Prozent ab; dieses *yuga* dauert 864 000 Jahre; die Menschen leben 1000 Jahre. Im Kali-yuga (das vor 5000 Jahren begann) sind die guten Eigenschaften zu 75 Prozent geschwunden; Streit, Heuchelei, Unwissenheit usw. nehmen immer mehr zu. Dieses *yuga* dauert 432 000 Jahre; die Menschen leben höchstens noch 100 Jahre.

Anleitung zur Aussprache des Sanskrits

Vokale

अ a आ ā इ i ई ī उ u ऊ ū ऋ ṛ ॠ ṝ

ऌ ḷ ए e ऐ ai ओ o औ au

Konsonanten

Gutturale:	क	ka	ख	kha	ग	ga	घ	gha	ङ	ṅa
Palatale:	च	ca	छ	cha	ज	ja	झ	jha	ञ	ña
Retroflexe:	ट	ṭa	ठ	ṭha	ड	ḍa	ढ	ḍha	ण	ṇa
Dentale:	त	ta	थ	tha	द	da	ध	dha	न	na
Labiale:	प	pa	फ	pha	ब	ba	भ	bha	म	ma
Halbvokale:	य	ya	र	ra	ल	la	व	va		
Zischlaute:	श	śa	ष	ṣa	स	sa				

Hauchlaute: ह ha Anusvāra: ं ṁ Visarga: ः ḥ

Zahlen

० - 0 १ - 1 २ - 2 ३ - 3 ४ - 4 ५ - 5 ६ - 6 ७ - 7 ८ - 8 ९ - 9

Nach einem Konsonanten werden die Vokale wie folgt geschrieben:

ा ā ि i ी ī ु u ू ū ृ ṛ ॄ ṝ े e ै ai ो o ौ au

Zum Beispiel: क ka का kā कि ki की kī कु ku कू kū

कृ kṛ कॄ kṝ के ke कै kai को ko कौ kau

Zwei oder mehr Konsonanten in Folge werden im Allgemeinen als so genannte Ligaturen geschrieben, zum Beispiel: **kṣa** क्ष **tra** त्र

Der Vokal **a** ist automatisch in einem Konsonanten ohne Vokalzeichen mit eingeschlossen.

Das Zeichen Virāma (्) deutet das Fehlen eines abschließenden Vokals an: क्

Die Vokale werden wie folgt ausgesprochen:

a – wie das **a** in hat
ā – wie das **a** in haben (doppelt so lang wie das kurze **a**)
ai – wie das **ei** in weise
au – wie das **au** in Haus
e – wie das **ay** in engl. way
i – wie das **i** in ritten
ī – wie das **i** in Bibel (doppelt so lang wie das kurze **i**)
ḷ – wie l gefolgt von **ri**
o – wie das **o** in engl. go
ṛ – wie das **ri** in rinnen
ṝ – wie das **ri** in rieseln
u – wie das **u** in Butter
ū – wie das **u** in Hut (doppelt so lang wie das kurze **u**)

Die Konsonanten werden wie folgt ausgesprochen:

Gutturale
(Kehllaute)
k – wie in **k**ann
kh – wie in Ec**kh**art
g – wie in **g**eben
gh – wie in we**gh**olen
ṅ – wie in si**ng**en

Palatale
(die Zungenmitte wird gegen den Gaumen gepresst)
c – wie in **Tsch**eche
ch – wie im engl. Wort staun**ch-h**eart
j – wie in **Dsch**ungel
jh – wie im engl. Wort he**dgeh**og
ñ – wie in Ca**ny**on

Retroflexe
(die Zungenspitze wird gegen die vordere Region des harten Gaumens gepresst; die Wortbeispiele sind nur Annäherungen)
ṭ – wie in **t**önen
ṭh – wie in Sanf**th**eit
ḍ – wie in **d**ann
ḍh – wie in Sü**dh**älfte
ṇ – wie in **n**ähren

Dentale
(die Zungenspitze wird gegen die Zähne gepresst)
t – wie in **t**ief
th – wie in Sanf**th**eit
d – wie in **d**enken
dh – wie in Sü**dh**älfte
n – wie in **n**iedlich

Labiale
(Lippenlaute)
p – wie in **p**ressen
ph – wie im engl. Wort u**ph**ill
b – wie in **B**utter
bh – wie in Gro**bh**eit
m – wie in **M**ilch

Halbvokale
y – wie in **Y**oga
r – wie in **r**eden (Zungen-r)
l – wie in **l**ieben
v – wie in **V**ase

Zischlaute
ś – wie in **s**prechen
ṣ – wie in **sch**ön
s – wie in fa**s**ten

Hauchlaute
h – wie in **h**elfen

Visarga
ḥ – ein abschließender h-Laut: **aḥ** wird ausgesprochen wie **aha**, **iḥ** wie **ihi**

Anusvara
ṁ – ein Nasallaut wie im franz. Wort bo**n**

Im Sanskrit gibt es weder starke Betonungen der Silben noch Pausen zwischen Wörtern in einer Zeile, sondern ein Fließen kurzer und langer Silben. Eine lange Silbe ist eine Silbe mit einem langen Vokal (**ā, ī, ū, e, ai, o, au**) oder eine Silbe mit einem kurzen Vokal, dem mehr als ein Konsonant folgt (auch *anusvara* und *visarga*). Konsonanten mit nachfolgendem Hauchlaut (wie **kha** und **gha**) gelten als kurze Konsonanten.

Verzeichnis der Sanskritverse

agne naya supathā rāye asmān 18
andhaṁ tamaḥ praviśanti 9
andhaṁ tamaḥ praviśanti 12
andhena tamasāvṛtāḥ 3
anejad ekaṁ manaso javīyo 4
anyad āhur asambhavāt 13
anyad āhur avidyayā 10
anyad evāhuḥ sambhavād 13
anyad evāhur vidyayā 10
asnāviraṁ śuddham apāpa- 8
asuryā nāma te lokā 3
athedaṁ bhasmāntaṁ śarīram 17
ātmaivābhūd vijānataḥ 7
ātmany evānupaśyati 6
avidyayā mṛtyuṁ tīrtvā 11

bhūyiṣṭhāṁ te nama-uktiṁ 18

ekatvam anupaśyataḥ 7
evaṁ tvayi nānyatheto 'sti 2

hiraṇmayena pātreṇa 15

īśāvāsyam idaṁ sarvaṁ 1
iti śuśruma dhīrāṇāṁ 10
iti śuśruma dhīrāṇāṁ 13

jijīviṣec chataṁ samāḥ 2

kavir manīṣī paribhūḥ 8
krato smara kṛtaṁ smara 17
kurvann eveha karmāṇi 2

mā gṛdhaḥ kasya svid dhanam 1

nainad devā āpnuvan pūrvam 4
na karma lipyate nare 2

oṁ krato smara kṛtaṁ smara 17
oṁ pūrṇam adaḥ pūrṇam Invok.

pūrṇam evāvaśiṣyate Invok.
pūrṇasya pūrṇam ādāya Invok.
pūrṇāt pūrṇam udacyate Invok.
pūṣann ekarṣe yama sūrya 16

sambhūtiṁ ca vināśaṁ ca 14
sambhūtyāmṛtam aśnute 14
sa paryagāc chukram akāyam 8
sarva-bhūteṣu cātmānaṁ 6
satya-dharmāyā dṛṣṭaye 15
satyasyāpihitaṁ mukham 15

tad antar asya sarvasya 5
tad dhāvato 'nyān atyeti tiṣṭhat 4
tad dūre tad v antike 5
tad ejati tan naijati 5
tad u sarvasyāsya bāhyataḥ 5
tad vedobhayaṁ saha 11
tāṁs te pretyābhigacchanti 3
tasminn apo mātariśvā dadhāti 4
tato bhūya iva te tamo 9
tato bhūya iva te tamo 12
tato na vijugupsate 6
tatra ko mohaḥ kaḥ śoka 7
tat tvaṁ pūṣann apāvṛṇu 15
tena tyaktena bhuñjīthā 1

vāyur anilam amṛtam 17

vidyāṁ cāvidyāṁ ca yas 11
vidyayāmṛtam aśnute 11
vināśena mṛtyuṁ tīrtvā 14
viśvāni deva vayunāni vidvān 18
vyūha raśmīn samūha tejo 16
yasmin sarvāṇi bhūtāny 7
yas tad vedobhayaṁ saha 14
yas tu sarvāṇi bhūtāny 6
yāthātathyato 'rthān vyadadhāc 8
yat kiñca jagatyāṁ jagat 1
yat te rūpaṁ kalyāṇatamaṁ 16
ya u sambhūtyāṁ ratāḥ 12
ya u vidyāyāṁ ratāḥ 9
ye ke cātma-hano janāḥ 3
ye nas tad vicacakṣire 10
ye nas tad vicacakṣire 13
ye 'sambhūtim upāsate 12
ye 'vidyām upāsate 9
yo 'sāv asau puruṣaḥ so 16
yuyodhy asmaj juhurāṇam eno 18

Stichwortverzeichnis

A

Ā-brahma-bhuvanāl lokāḥ, 58
Absolute Wahrheit
als Absolute Person, 18
alles geht aus von, *xv*
in drei Aspekten erkannt, 55, 77, 85
Nichtgottgeweihte können sich ihr nicht nähern, 18
als vollkommener Persönlicher Gott, 2
Siehe auch: Kṛṣṇa; Höchster Herr
Ācāryas
arcā-vigraha steigt herab auf Bitten der, 36
Frevler werden so genannte, 61
Hören von erleuchteten, 62–63, 66
man muss ihnen folgen, 28
veda-vada-ratās missachten Autorität der, 42–43
Siehe auch: Spiritueller Meister
Ādityas, von Nārāyaṇa erschaffen, 65
Aham ādir hi devānām, 57
Akarma, definiert, 10
Akrūra, erreichte Vollkommenheit durch Beten, 93
Altruismus
als Schwindel der Gottlosen, 12
Sinnenbefriedigung im Namen von, 41
als Tätigkeit, die bindet, 11
Angst, gottlose Gesellschaft voller, 32
Arjuna
verehrte den Herrn durch Kämpfen, 66
vollkommener Schüler muss sein wie, 49
Vollkommenheit des, durch Freundschaft mit dem Herrn, 64, 94
Atharva Veda
zitiert in Bezug auf Schöpfung, 66
zitiert in Bezug auf Nārāyaṇas Existenz vor der Schöpfung, 65
Athavā bahunaitena, 77
Atheisten
Bildgestalt Gottes nicht verstanden von, 23
von Gott durch Bevollmächtigte vernichtet, 24
hassen diejenigen, die hingebungsvollen Dienst verrichten, 27
Herr erscheint nicht auf Befehl von, 24
pseudoreligiöse Menschen in die Hölle geführt von, 59
Siehe auch: Nichtgottgeweihte

B

Baladeva, als Erweiterung Kṛṣṇas, 36
Baladeva Vidyābhūṣaṇa, *xiv*
Bali Mahārāja, 94

Bedingte Seelen
ewige Beziehung zu Gott vergessen von, 52
gewohnt, für Sinnenbefriedigung zu handeln, 11
handeln auf zweierlei Weise, 92
neigen dazu, Fehler zu begehen, *vii*
versuchen die materielle Natur zu beherrschen, 74
vier Mängel der, *vii–viii*
Befreite Seelen
sehen den Herrn bei jedem Schritt im Leben, 69
Siehe auch: Gottgeweihte
Befreiung
der Unpersönlichkeitsphilosophen nur ein Mythos, 38
wahre, 38
Siehe auch: Erlösung
Bewusstsein
menschliches, als vollständige Entfaltung des, 2
ursprüngliches, durch Verbindung mit *māyā* verloren, 19
Bhagavad-gītā
beschreibt *karma,* 10
beschreibt die Ungläubigen als Esel, 66
deutet unmittelbar auf Kṛṣṇa hin, 68
drei Arten von Transzendentalisten verglichen in, 81–82
erklärt, dass Gott ein empfindendes Wesen ist, 95
als Essenz der Upaniṣaden, 10
vom Herrn selbst verkündet, 28
unterweist, wie man wirkliches Wissen entwickelt, 48
Gottgeweihte können als Einzige verstehen, 64
Śaṅkarācāryas Kommentar zur, *xi*
verurteilt pseudoreligiöse Menschen, 16
als Wissensquelle im Kṛṣṇa-Bewusstsein, *ix*
Bhagavad-gītā, angeführt in Bezug auf:
Ausführung vorgeschriebener Pflichten, 11
Bändigen der materiellen Natur, 75
Betrachten der Form des Herrn als materiell, 36
Beziehung des Herrn zu Seinen Geweihten, 24
brahmajyoti, 79
Brahmās Leben, 51
Energien des Herrn im Universum, 5
Erscheinen des Herrn, 24
Ewigsein der Seele, 89
grobe Sinnenbefriedigung, 41
fruchtlose Bemühungen der Unpersönlichkeitsanhänger, 93
Halbgötterverehrung, 58, 60, 64
Herrn, der von allen sündhaften Reaktionen befreit, 98
Hingabe an Kṛṣṇa, 74
hingebungsvollen Dienst als Weg, sich Gott zu nähern, 73
Hören über Kṛṣṇa, 68
Kultivierung von Wissen, 45–47
Lebewesen als marginale Kraft, 31–32
Merkmale eines *uttama-adhikārī,* 27–29
Narren, die Kṛṣṇa verspotten, 22
Opfern von Speisen zum Herrn, 8
Paramātmā, 79
Schicksal von gefallenen *yogīs,* 15, 97–98
Schwierigkeit, den Herrn zu verstehen, 19
Seltenheit von *mahātmās,* 33
spirituellen Himmel, 22
strenge Gesetze der Natur, 32
Tätigkeiten mit Gott im Mittelpunkt, 12
Verehrer der Vorväter, 63

Wert von gottzentrierten Tätigkeiten, 12
Zweck der Veden, 42
Bhagavad-gītā, zitiert in Bezug auf:
Beziehung des Herrn zu Seinen Geweihten, 92
Kṛṣṇa als Grundlage des Brahman, 76–77
Kṛṣṇa als Ursprung der Halbgötter, 57
Schülernachfolge, 64
unbegrenzte Kräfte des Herrn, 77
varṇāśrama, *viii*
Ziel der vedischen Forschung, *xiv*
Bhagavān
definiert, 85
als endgültige Erkenntnis der Absoluten Wahrheit, 55, 77
Siehe auch: Höchster Herr; Kṛṣṇa
Bhagavat-sandharba, zitiert, 85
Bhakti-rasāmṛta-sindhu, 55
Bhaktivinoda Ṭhākura, 47, 92
Bilderstürmer, halten Bildgestalten Gottes für Götzenbilder, 23
Bildgestalt
als Erscheinungsform des Herrn, 23, 36
existiert ewig, 23
Bildung
falscher Art an Universitäten, 47
Förderung von, durch gottlose Menschen, 41
Īśopaniṣad warnt vor falscher, 48
Selbsterkenntnis als Ziel wirklicher, 42
so genannte Förderung der, 41
wirkliche, durch Hören von *dhīra* erworben, 49
Brahmā
als erstes Lebewesen, 5
besitzt vollendeten materiellen Körper, 90
Dauer seines Lebens, 72–73
dem Tod unterworfen, 51, 71
empfing das vedische Wissen durch das Herz, 5
Hiraṇyakaśipu bekam Segnung von, 51
von Kṛṣṇa erschaffen, 65
Brahmajyoti
als Ausstrahlung der Gestalt Kṛṣṇas, 77–78, 80, 97
durch empirische Philosophie erkannt, 79
Einswerden mit, als Zeichen unvollkommenen Wissens, 91
geht von Goloka Vṛndāvana aus, 84
Kṛṣṇa als Grundlage des, 77
Unpersönlichkeitsphilosophen hängen an, 79, 93
mit Vaikuṇṭhalokas übersät, 59
Siehe auch: Brahman
Brahmaloka, *jñānīs* und *yogīs* können erreichen, 73
Brahman
für den Anfänger am leichtesten wahrzunehmen, 77
von Halbgöttern für Absolute Wahrheit gehalten, 57
jñānīs verehren, 81
Kṛṣṇa als Grundlage des, 77, 81, 84
als Leuchten der persönlichen Ausstrahlung Kṛṣṇas, 24
spiritueller Meister muss verankert sein im, *xiii*
als Teilerkenntnis der Absoluten Wahrheit, 2, 55, 85
als unpersönliche Ausstrahlung Gottes, 57
Vedānta deutet nur an, was es ist, *xv*
Siehe auch: Brahmajyoti
Brāhmaṇas
durch Eigenschaften, nicht Geburt, 97
Geburt in Familien von, 15
Gottgeweihte sind von selbst, 98

Tugend als Zeichen für, 69
Brāhmaṇo hi pratiṣṭhāham, 76
Brahman-Erkenntnis, als Erkenntnis des *sat*-Aspekts des Herrn, 2
Brahma-saṁhitā, angeführt in Bezug auf:
das Eingehen des Herrn in alle Dinge, 25
ewige Gestalt des Herrn, 35
Kṛṣṇa als Ursache aller Ursachen, 66
Unerreichbarkeit der Absoluten Wahrheit für Nichtgottgeweihte, 18
Brahma-saṁhitā, zitiert in Bezug auf:
brahmajyoti, 84
Formen Kṛṣṇas, *xiii*
Natur der spirituellen Welt, *xii,* 84

C

Caitanya Mahāprabhu, 38
Chauvinismus, auf die Förderung von Unwissenheit zurückzuführen, 48
Cintāmaṇi-prakara-sadmasu, Vers zitiert, 84

D

Devakī, Kṛṣṇa als Sohn von, *xi,* 65
Dhīra
durch die materielle Täuschung nicht verwirrt, 49
Wissen soll man empfangen von einem, 49

E

Elemente
gehören zur niederen Energie, 5
Universum bedeckt durch, 59
Energie
Gottgeweihte sehen alles als Kṛṣṇas, 31
Herr als Ursprung aller, 24
Herr kann jeden Teil erreichen Seiner, 18
des Herrn in drei Hauptkategorien gegliedert, 18
des Herrn auf vielfältige Weise entfaltet, 5–6
der Nationen für Verteidigungsmaßnahmen missbraucht, 48
durch die Veden reguliert, 11
verwendet im *īśāvāsya*-Geist, 12
Energie, äußere
Elemente gehören zur, 5
materielle Schöpfung ermöglicht durch, 18, 72
ursprüngliches Bewusstsein verloren durch Verbindung mit, 19
vergängliche Schönheit der, 53
von *puruṣas* erschaffen, 86
wirkt nach Kṛṣṇas Weisung, 24
Energie, innere
als ewige Schöpfung des Herrn, 72
entfaltet zur Freude des Herrn, 86
Kṛṣṇa erscheint durch Seine, 57
spirituelle Welt als, 18
Ergebenheit
nötig für Selbsterkenntnis, 97
alle Probleme gelöst durch, 99
als Vollkommenheit des Wissens, 90
Erlösung
hängt von Wissen und Loslösung ab, 60
Prinzipien der, in den Veden, 54
Siehe auch: Befreiung
Erscheinungsweisen der Natur
haben keinen Einfluss, wenn man geläutert ist, 11
niedere, verschwinden durch hingebungsvollen Dienst, 100
Siehe auch: Natur, materielle

Evaṁ paramparā prāptam, 64

F

Frauen
können höchstes Ziel erreichen, 92
Mahābharata und Purāṇas für, *xiv*
Frieden
indem man das Eigentumsrecht des Herrn anerkennt, 6–7

G

Gandhi, Mahatma, irrte sich, *vii*
Garbhodakaśāyī Viṣṇu, als kollektive Überseele, 79
Gebete
Akrūra erreichte Vollkommenheit durch, 93
des Gottgeweihten zur Zeit des Todes, 91
nötig für Selbsterkenntnis, 99
Gedankliche Spekulation, Höchster Herr nicht zu erkennen durch, 18
Geist
Erhaltung nötig, 55
Erwünschtes und Unerwünschtes geschaffen durch, 46
als fremdes Element, 49
geläutert durch Hören über Kṛṣṇa, 68
Höchster Herr schneller als, 18
rein durch die Gnade des Herrn, 69
Seele verschieden von, 35
über den Sinnen, unter der Intelligenz, 42
Tiere haben keinen entwickelten, 91
trägt beim Tode die Neigungen des Lebewesens ins nächste Leben, 91
Gesellschaft, menschliche
achtfach gegliedert, *viii*
Streit zwischen Arbeitern und Unternehmern in, 6
Siehe auch: Zivilisation, menschliche
Gesetze der Natur
bedingte Seelen unterstehen den, 74
geben den Menschen gute Möglichkeiten, 14
gestatten es niemandem, sie zu überwinden, 32, 52
Herr untersteht nicht den, 5, 23–24
Mensch verantwortlich, wenn er übertritt, 7
niemand kann Tod vermeiden wegen, 50
Ruin durch Ungehorsam gegenüber, 8
sechs Stufen der Wandlung bedingt durch, 71
Tiere übertreten nicht die, 7
zwingen uns, hart zu arbeiten, 15
Gestalt Kṛṣṇas
kein Erzeugnis der materiellen Natur, 35
unfehlbar, *viii*
Unpersönlichkeitsanhänger können sie nicht verstehen, 57, 84
Venen gibt es nicht bei, 35
Gewöhnliche Menschen
handeln für eigenen Sinnengenuss, 11
Narren stellen den Herrn auf eine Stufe mit, 22
Purāṇas als authentische vedische Erklärungen für, 43
Siehe auch: Bedingte Seelen
Gītopaniṣad. Siehe: Bhagavad-gītā
Goloka Vṛndāvana
brahmajyoti geht aus von, 84

Herr hilft Gottgeweihten, es zu erreichen, 85–86
Siehe auch: Welt, spirituelle
Gnade
Herr erscheint durch Seine, 24
Herr kann erkannt werden nur durch Seine, 18
Gopīs, Beziehung zwischen Kṛṣṇa und, 38
Gott: *Siehe:* Kṛṣṇa, Höchster Herr
Gottgeweihte
bekommen Anweisung auf zweifache Weise, 99
befinden sich in der Erscheinungsweise der Tugend, 69
und Bildgestalt, 23
drei Arten von, 27–28
erreichen spirituellen Himmel, 63
gelenkt von innen her vom Herrn, 69, 98
Gītā nur zu verstehen von, 65
Herr erscheint als spiritueller Meister für, 98–99
Herr nur erkannt von, 18
Herr sorgt besonders für, 85
kennen Kṛṣṇa als Absolute Person, 57
können Kṛṣṇa geben, *viii*
Menschen sollten werden, 8
preisen ständig die Taten und Spiele des Herrn, 87
sehen den Herrn von Angesicht zu Angesicht, 85–86
sollten ständig über Bhagavān hören, 55
vergehen niemals, 92
von selbst *brāhmaṇas,* 98
Siehe auch: Reine Gottgeweihte
Govardhana-Hügel, von Kṛṣṇa emporgehoben, 38
Govinda
als Ursache aller Ursachen, 65
Siehe auch: Höchster Herr, Kṛṣṇa, Persönlicher Gott
Govinda-bhāṣya, xiv

H

Halbgötter
haben vollendete materielle Körper, 90
halten Brahman für Absolute Wahrheit, 57
können das Höchste Wesen nicht übertreffen, 31
können sich dem Herrn nicht nähern, 18
Kṛṣṇa als Ursprung der, 57
als marginale Kraft, 18
Unpersönlichkeitsanhänger verehren nicht richtig, 60
Verehrer von, gehen in finstersten Bereich der Unwissenheit ein, 57
Hanumān, Vollkommenheit durch Dienst, 94
Hari-bhakti-sudhodaya, angeführt in Bezug auf gottlose Förderung der Bildung, 41
Herz, durch innere Führung des Herrn geläutert, 69, 98
Hingabe. *Siehe:* Ergebenheit
Hingebungsvoller Dienst
Atheisten hassen diejenigen, die tätig sind im, 25
Befähigung zum *brāhmaṇa* durch, 68
Herr kann nur erreicht werden durch, 60, 73
Hören und Sprechen als Grundlage des, 94
Liebe zu Gott entwickelt durch, 91
neun Tätigkeiten im, 93
als Notwendigkeit, 75
Sünden kaum möglich im, 98

Unpersönlichkeitsanhängern wird keine Möglichkeit geboten zu, 93
Vaikuṇṭha nur erreichbar durch, 74
als wirklicher Dienst an der Menschheit, 67
Hiraṇyakaśipu, unfähig, den Tod zu besiegen, 51
Höchster Herr
als allvollkommen, 5
als antiseptisch und prophylaktisch, 38
als Besitzer unbegreiflicher Kräfte, 18, 21, 23
als empfindendes Wesen, 95
als Erhalter von allem, 77
als Erhalter der Gottgeweihten, 85
erscheint wie ein Mensch in der Welt, 36
als höchster Besitzer, 5–6, 41
innerhalb und außerhalb aller Dinge, 21
kann Materie in spirituelle Natur verwandeln, 36
kommt persönlich, um Hingabe an sich zu lehren, 68
persönlich wie auch unpersönlich, 22
als *sac-cid-ānanda-vigraha,* 35
durch Spekulation nicht zu erreichen, 18
als unabhängig, 38
als Ursache aller Ursachen, 86
verglichen mit Feuer, 5–6, 97
verglichen mit Sonne, 38, 59, 84
als wirklicher Mittelpunkt der Freude, 32
als wohlmeinender Freund aller Lebewesen, 100
als Zeuge unserer Handlungen, 25
Hölle, Herr gestattet Lebewesen Zutritt zu, 37
Hören
als Grundprinzip des hingebungsvollen Lebens, 94
Herz geläutert durch, 68, 100
Mahārāja Parīkṣit erreichte Vollkommenheit durch, 93
nötig, um Wissen zu entwickeln, 55–56
von erleuchteten Meistern, 62, 66
Humanismus, 11

I

Indra, von Nārāyaṇa erschaffen, 65
Industrieller Fortschritt, 41
Inkarnationen
erscheinen, um die Gottgeweihten zu segnen, 24
pseudoreligiöse Menschen erfinden so genannte, 60
Intelligenz
für Sinnenbefriedigung missbraucht, 54
über Geist, unter Seele, 42
Īśopaniṣad
als Teil des *Yajur Veda,* 5
altruistische Tätigkeiten ausgeführt im Geiste der, 12
kann die Botschaft von Gott überbringen, 6
näher erläutert in der *Gītā,* 10
warnt den Mörder der Seele, 14

J

Janmādy asya yataḥ, xv
Jīva Gosvāmī, zitiert, 85
Jñāna, Herr kann nicht erreicht werden durch, 73

Jñānīs
können Brahmaloka erreichen, 73
verehren das Brahman, 81

K

Kali-yuga, Veden schriftlich niedergelegt für, *xiii*
Kaniṣṭha-adhikārīs
Eigenschaften der, 27
sehen Bildgestalt Gottes als etwas Materielles, 36
Karaṇodakaśāyī Viṣṇu, als Schöpfer aller Universen, 79
Karma
definiert, 10
Herr kann nicht erreicht werden durch, 73
materieller Körper erzeugt durch das Gesetz des, 67
Karmīs
können zu den Svargaloka-Planeten erhoben werden, 73
Kaṭha Upaniṣad, 87
Kirāta-hūṇāndhra-pulinda, 69
Kommunisten, 6
Körper, materieller
Erhaltung nötig, 55, 92
erzeugt durch das Gesetz des *karma,* 67
als fremdes Gewand, 49, 89, 90
Leiden innewohnend dem, 46
man soll sich nicht fälschlich identifizieren mit dem, *viii,* 46
mechanischer Aufbau des, 35
wird zu Asche werden, 89
Körper, spiritueller, 90
Kosmos
als Entfaltung eines Viertels der Energie des Herrn, 73
Nārāyaṇa jenseits des, *xi*
Siehe auch: Welt, materielle
Kṛṣṇa
als alldurchdringend, *xiii*
alles geht aus von, 58, 66
erschien auf der Erde vor fünftausend Jahren, 38
erweitert sich in unzählige Formen, 36
als höchste Autorität anerkannt, *xi*
als höchstes Wissen, *xiv*
immer von transzendentaler Glückseligkeit erfüllt, 77
Nārāyaṇa als vollständige Erweiterung von, 65
plante die Schlacht von Kurukṣetra, 66
als Sohn Devakīs und Vasudevas, *xi*
als Ursache aller Ursachen, 66
als Ursprung des Brahman, 81
verlässt niemals Kṛṣṇaloka, 59
Siehe auch: Höchster Herr; Persönlicher Gott
Kṛṣṇaloka
Kṛṣṇa verlässt niemals, 18, 59
Siehe auch: Welt, spirituelle; Goloka Vṛndāvana
Kṣatriyas, als verwaltende Klasse, *viii*
Kṣīrodakaśāyī Viṣṇu, 79
Kuhhirtenknaben, 78
Kurukṣetra, Schlacht von, 66

L

Lakṣmī, 94
Lakṣmī-sahasra-śata-sambhrama, 84
Leben
Dauer in den verschiedenen Lebensarten verschieden, 71
ewig, wenn man zu Gott zurückkehrt, 52
Geist trägt beim Tode die Neigungen des Lebewesens ins nächste, 91
gewandelt durch göttliches Tun, 95

größte Gefahr in, 11
harter Kampf ums, 10
Mensch sollte ein gesundes führen, 55
Wert eines demütigen, gottzentrierten, 12
Lebewesen
als höhere Energie des Herrn, 5
als Kinder des Höchsten Wesens, 32, 52
als marginale Kraft, 18
als spiritueller Funke, 31
als vollständige Teile des Vollkommenen Ganzen, 3, 19, 25, 31, 48, 86, 90
beherrscht durch die Gesetze der Natur, 5
der Eigenschaft nach eins mit dem Herrn, 30
dienen einander als Nahrung, 7
dürfen nie für die höchste Wahrheit gehalten werden, 81
erschaffen von Nārāyaṇa, 65
für ewige Freude bestimmt, 32
haben spirituelle Sinne, 53
Herr als Ursprung aller, 86
Herr als wohlmeinender Freund aller, 100
Herr erfüllt die Wünsche aller, 36
kämpfen schwer um ihr Dasein, 10
kennen weder Geburt noch Tod, 53
können nicht die volle Kraft des Herrn ermessen, 19
leiden in verschiedenartigen Körpern, 68–69
materieller Körper und Geist als schlechtes Geschäft für das, 49
materielle Krankheit des, 91
niederer Herkunft, durch hingebungsvollen Dienst geläutert, 69
nie unpersönlich oder formlos, 89
Paramātmā als ständiger Begleiter der, 86
Paramātmā erhält, 33
unverkörpert während der Vernichtungen, 74
verglichen mit Bettlern, 37
verglichen mit Molekülen der Sonnenstrahlen, 84
versuchen unzählige Planeten zu beherrschen, 48
vier Mängel der bedingten, *vii–viii,* 5
Wanderung der, 90
Siehe auch: Spirituelle Seele
Leiden
erinnern uns an unsere Unvereinbarkeit mit der Materie, 52
dem materiellen Körper innewohnend, 46
Liebe zu Gott, 91
Lotosfüße des Herrn,
göttliche Menschen streben nach, 14
Lakṣmī erreichte Vollkommenheit durch Dienst an, 94
Lust, als Ursache der materiellen Knechtschaft, 42

M

Madhvācārya
schrieb Kommentar zum *Vedānta-sūtra, xi*
als Vaiṣṇava, *xi*
Madhyama-adhikārīs, Eigenschaften der, 27
Mahābhārata, xiv
mām upetya tu kaunteya, 58
Materialisten
bleiben in der materiellen Welt, 63
können nur die materielle Schöpfung untersuchen, 79

Religiosität zur Schau gestellt von, 16
Siehe auch: Atheisten; Nichtgottgeweihte; Unpersönlichkeitsanhänger
Materielle Energie. *Siehe:* Energie, äußere
Māyā
„das, was nicht ist“, *viii*
gottlose Zivilisation besteht aus, 32
Siehe auch: Energie, äußere
Māyāvādīs. Siehe: Atheisten; Unpersönlichkeitsanhänger
Māyayāpahṛta-jñānāḥ, halten sich selbst für Gott, 43
Menschen
Autorität des Herrn sollte anerkannt werden von, 8
zu Eseln gemacht, 47
geneigt, durch das Weltall zu reisen, 58
gezwungen, hart zu arbeiten, 15
durch heilige Schriften an spirituelle Heimat erinnert, 52
als marginale Energie, 18
Probleme des materiellen Daseins sollten gelöst werden von, 16
Selbsterkenntnis möglich nur für, 97
sollen sich nicht streiten, 6
Veden regulieren Arbeitskraft der, 11
zwei Arten von, 14
Siehe auch: Menschliches Leben
Menschliches Leben
als Leben der Verantwortlichkeit, 7
als Möglichkeit, vom Gesetz des *karma* frei zu werden, 10
mit vollem Bewusstsein ausgestattet, 3, 90, 91
Rückkehr zu Gott als Bestimmung des, 38
Spanne des, abnehmend, 48
Vollständigkeit des, erkannt durch hingebungsvollen Dienst, 3
wahrer Sinn des, 11–12, 52, 55, 67
wichtiger als tierisches, 14
Mokṣa-dharma, 66
Mutter, Veden angesehen als, *ix*

N

Na me viduḥ sura-gaṇāḥ, 57
Nārada, als spiritueller Meister Vyāsadevas, *xiv*
Nārāyaṇa
als vollständige Erweiterung Kṛṣṇas, 65
jenseits des Kosmos, *xi*
Lebewesen erschaffen von, 65
Siehe auch: Höchster Herr; Kṛṣṇa; Persönlicher Gott
Nationalismus
auf Förderung der Unwissenheit zurückzuführen, 48
Natur, materielle
durch Gottesbewusstsein gebändigt, 75
Formen der Lebewesen verkörpert in, 35, 89
Krankheit, über sie herrschen zu wollen, 74
Kṛṣṇas Gestalt kein Erzeugnis der, 24
sechs Stufen des Wandels in der, 71
zwingt uns, den Körper zu wechseln, 90
Siehe auch: Welt, materielle
Nichtgottgeweihte
können sich nicht der Absoluten Wahrheit nähern, 18–19
man soll Orte vermeiden, an denen sie sich zusammenfinden, 47
Siehe auch: Atheisten; Materialisten

Nṛsiṁha
als Erweiterung Kṛṣṇas, 36
Hiraṇyakaśipu getötet von, 51
rettete den Gottgeweihten Prahlāda, 24

O

Opfer, als Verleugnen des Interesses der Sinne, 95

P

Paramātmā
als alldurchdringende Vertretung des Herrn, 57
von fortgeschrittener Seele erkannt, 77
Herr als Ursprung des, 86
als höchster Lenker, 85
ist Kṣīrodakaśāyī Viṣṇu, 79
als *sat-* und *cit-*Aspekt des Herrn, 2
Schöpfung wird erhalten durch, 32, 78–79
als ständiger Begleiter der Lebewesen, 86
als Teilerkenntnis der Absoluten Wahrheit, 2, 55, 81
yogīs verehren, 81
Parīkṣit Mahārāja, 93
Persönlicher Gott
als höchster Besitzer, 42
kann Seine Energie überallhin verteilen, 2, 18
als *sac-cid-ānanda-vigraha,* 2
überragt alle an Vortrefflichkeit, 18
unabhängig von allen, 56
vollkommen und vollständig, 2
Siehe auch: Höchster Herr; Kṛṣṇa
Planeten
befinden sich in einer Ecke des *brahmajyoti,* 80
bestehen während Brahmās Leben, 72
Brahmā beherrscht alle, 51
materielle, als vergängliche Wohnstätten, 58
als Orte des Leids, 59
spirituelle, bestehen ewig, 73
unzählige, 48
vollendet ausgestattet, um im All zu schweben, 48
Wanderung zu höllischen, 14, 15
yogīs begeben sich zu anderen, 90
Prahlāda Mahārāja
erreichte Vollkommenheit durch Erinnerung, 93
von Śrī Nṛsiṁha gerettet, 24
Prajāpatis, von Nārāyaṇa erschaffen, 65
prasādam, 8
Pṛthu Mahārāja, 93
Purāṇas
als authentische vedische Schriften für Laien, 43
für Frauen und andere zusammengestellt, *xiv*
manchmal von Materialisten verurteilt, 42

R

Rāma als Erweiterung Kṛṣṇas, 36
Rāmānujācārya
als Vaiṣṇava, *xi*
verfasste Kommentar zum *Vedānta-sūtra, xiv*
Regulierende Prinzipien
erheben zu transzendentalem Wissen, 49, 98
kommen vom spirituellen Meister, 49

in den Schriften gegebene, müssen befolgt werden, 46
Religion
Feindseligkeit im Bereich der, 48
Herr erscheint zur Wiedereinführung der Prinzipien der, 74
Menschen zeigen kein Interesse an, 54
soll zurück zu Gott führen, 42
Ṛg Veda, angeführt in Bezug auf Ziel göttlicher Menschen, 14
Rudras, von Nārāyaṇa erschaffen, 65
Ruhmpreisung, Gottgeweihter stets beschäftigt mit, 87
Rūpa Gosvāmī, beschreibt sicheren Weg zu Wissen, 55

S

Sac-cid-ānanda-vigraha, Höchster Herr als, 35
Sa kāleneha mahatā, 64
Śaṅkarācārya
anerkennt Nārāyaṇas Identität mit Kṛṣṇa, 65
Māyāvādīs geführt von, 56
als verhüllter Anhänger des Persönlichen, *xi*
Śaṅkara-sampradāya. *Siehe:* Māyāvādīs; Unpersönlichkeitsanhänger
Śāśvatasya ca dharmasya, 77
Schöpfung
materielle, durch niedere Energie, 72
vom Paramātmā erhalten, 77
Siehe auch: Welt, materielle
Schriften
empfehlen Halbgötterverehrung, 60
erinnern Menschen an ihre spirituelle Heimat, 52
Gītā und *Bhāgavatam* als wichtigste, 28–29
Gottgeweihte bekommen Weisungen durch, *ix*
man muss gefestigt sein in Lehren der, 52
moderner Mensch ablehnend gegenüber Wissen aus, 72
regulierende Prinzipien niedergelegt in, 46
sollen Gottesbewusstsein erwecken, 42
unautorisierte Kommentare zu den, 28–29
Siehe auch: Bhagavad-gītā; Śrīmad-Bhāgavatam
Schülernachfolge
von Kṛṣṇa in *Gītā* beschrieben, 64
vedisches Wissen kommt durch, *xi,* 4–5, 28, 29
Siehe auch: Spiritueller Meister
Selbsterkenntnis
durch Ergebenheit und Gebete, 97
jemand, der nicht zu Ende geht den Pfad der, 15
karma-kāṇḍa-Pfad der, 97
moderner Mensch sieht keine Notwendigkeit für, 15
nur für Menschen möglich, 97
praktiziert man in seiner Eigenschaft als Gottgeweihter, 97
Religion im Grunde bestimmt für, 55
Seelen abgekommen vom Pfad der, 97
unmöglich unter dem Einfluss der Erscheinungsweisen der Leidenschaft und Unwissenheit, 69
als Ziel wirklicher Bildung, 42
Sinne
Dienst an Objekten der, erniedrigend, 76

Entwicklung der spirituellen, 38
Geist über den, 42
Lebewesen haben spirituelle, 53
materielle, unvollkommen, *x, xiii,* 5
Opfer als Verleugnung des Interesses der, 95
Tätigkeiten zur Befriedigung der, 41
Sinnenbefriedigung
bedingte Seelen gewohnt zu handeln für, 10, 11
Intelligenz missbraucht für, 54
karmīs sind tätig für, 41, 97
Leben der, als Täuschung, 3
materieller Körper geschaffen für, 89
Menschen fehlgeleitet durch, 75
mūḍhas beschäftigt mit grober, 41
so genannte *ācāryas* für, 61
Śiva, von Kṛṣṇa erschaffen, 65
Sonne, Höchster Herr verglichen mit, 49, 59, 84
Sozialismus
als Tätigkeit, die bindet, 11
Schwindel des gottlosen, 12
Spirituelle Seele
besitzt knapp achtzig Prozent der Eigenschaften des Herrn, 31
über der Intelligenz, 42
kranke, geht materiellen Tätigkeiten nach, 53–54
Mörder der, muss in die Hölle, 14
verschieden von Körper und Geist, 35
Wanderung der, 10
als Wurzel, aus der Körper hervorgehen, 67
Siehe auch: Lebewesen
Spiritueller Meister
Eigenschaften eines echten, *xii–xiii*
halbgebildeter, verehrt gesamte Menschheit, 66
Herr für Gottgeweihten als, *ix*
hingebungsvoller Dienst unter Anleitung des, 69
mit kundigem Bootsführer verglichen, 14
muss so gut sein wie der Herr selbst, 49
regulierende Prinzipien kommen vom, 49
schwindlerischer, 63
Weg, sich ihm zu nähern, 46
Siehe auch: Schülernachfolge
Spiritueller Himmel
jenseits des materiellen Universums, 22
Siehe auch: Welt, spirituelle
Śrīmad-Bhāgavatam
als autorisierter Kommentar zum *Vedānta-sūtra, xiv, xv,* 28, 67
als reife Frucht am Baum der vedischen Weisheit, 94
als vollendetstes Werk Vyāsadevas, 28
angeführt in Bezug auf Vergessen des wirklichen Ziels des Lebens, 37
erklärt, dass der Herr ein empfindendes Wesen ist, 95
Parīkṣit Mahārāja als Held des, 93
vollkommene Darlegung der Wissenschaft von Kṛṣṇa, 55, 81
Śukadeva Gosvāmī als Sprecher des, 93
zitiert in Bezug auf:
Berichtigung der Gottgeweihten durch Herrn, 99, 100
Hören und Sprechen, 68, 94
Kṛṣṇa und Kuhhirtenknaben, 78
Läuterung durch reinen Gottgeweihten, 69
Pflege von Wissen, 55
Śrotavyaḥ kīrtitavyaś ca, 55, 94

Śruti-mantras, angeführt in Bezug auf Allmacht des Herrn, 35
Śūdras, können das höchste Ziel erreichen, 92
Śukadeva Gosvāmī
erreichte Vollkommenheit durch Ruhmpreisung des Herrn, 93
als größter Transzendentalist seiner Zeit, 94
Sünde
geringe Möglichkeit für, im hingebungsvollen Dienst, 98
Herr niemals beeinflusst durch, 38
Maßnahmen gegen unbewusste, 99
nicht für Tiere, 7
Nichtgottgeweihte essen nur, 8
vom Herrn zu Asche verbrannt, 97
Wurzel der, 8

T

Tad brahma niṣkalam, 80
Taṁ tam evaiti kaunteya, 91
Tasmād bhārata sarvātmā, 94
Tätigkeiten
des Herrn, von Spekulierenden für Einbildung gehalten, 68
der Lebewesen durch Luftbewegungen im Körper, 89
Gottgeweihte preisen immer des Herrn, 76
können nicht völlig eingestellt werden, 54
Körper gemäß frommen bzw. gottlosen, 90
Kṛṣṇas, beweisen Seine Göttlichkeit, 38
materielle, ausgeführt von kranker Seele, 53
neun Arten von, im hingebungsvollen Dienst wesentlich, 93
Selbsterkenntnis behindernde, 97
für Sinnenbefriedigung, 41
durch Veden reguliert, 54
Wert auf Gott ausgerichteter, 11, 32, 95
Tiere
haben kein entwickeltes Bewusstsein, 7–8, 91
menschliches Leben verschieden von dem der, 7, 13
wirtschaftliche Probleme der, 14
Tod
bezieht sich auf den materiellen Körper, 53
Brahmā unterliegt dem, 71
Freiheit von, durch hingebungsvollen Dienst, 60
Gebet des Gottgeweihten zur Zeit des, 91
materielles Wissen endet mit, 47
niemand kann ihm entgehen, 50
Opferergebnisse kommen einem zugute beim, 96
spirituelles Wissen befreit von, 54, 71
Transzendentalisten
drei Arten von, 81
erkennen alle Kṛṣṇa als Höchsten Herrn an, *xi*
Śukadeva Gosvāmī als größter der, 94
zwei Klassen von, *xi*
Siehe auch: Gottgeweihte

U

Überseele
weilt überall, 28
Siehe auch: Paramātmā
Universum
als Mṛtyuloka bezeichnet, 71
besteht aus 24 Elementen, 2, 59
hat seinen eigenen Zeitablauf, 2

Herr geht ein in Atome des, 25
spiritueller Himmel jenseits des, 22
Unkenntnis. *Siehe:* Unwissenheit
Unpersönlichkeitsanhänger
Atheisten unterstützt von, 59
Befreiung der, nur Mythos, 38
Bemühungen der, fruchtlos, 93
geben sich selbst als Inkarnationen Gottes aus, 60
geführt von Śaṅkarācārya, *xi*
hingebungsvoller Dienst vorenthalten den, 93
Kṛṣṇas Gestalt nicht verstanden von, 84
verleugnen persönlichen Aspekt des Herrn, 22
Siehe auch: Atheisten; Māyāvādīs; Nichtgottgeweihte
Unternehmer, müssen Eigentumsrechte des Herrn anerkennen, 6
Unwissenheit
der materiellen Wissenschaftler, 71
diejenigen, die eingehen in finsterste, 41, 57
höllische Planeten voller, 14
muss gleichzeitig mit Wissen erlernt werden, 51
Nationalismus und Chauvinismus aufgrund von, 48
Sinnenbefriedigung als Pfad der, 53
Universitäten als Zentren der, 47
Vergessen des Eigentumsrechts des Herrn als, 41
Verschlimmerung der materiellen Krankheit als Zeichen der, 53
vertrieben im Herzen des Gottgeweihten, 87
Wissen der Unpersönlichkeitsanhänger gefährlicher als, 60
Upaniṣaden
erklären Gott als empfindendes Wesen, 95
Gītā als Essenz der, 10
lenken indirekt Augenmerk auf Kṛṣṇa, 68
als Teil der Veden, *xiv*
Uttama-adhikārī, Eigenschaften, 28

V

Vaikuṇṭha
nur durch hingebungsvollen Dienst betretbar, 74
Siehe auch: Welt, spirituelle
Vaiṣṇavas
erkennen Kṛṣṇa als Höchsten Herrn an, *xi*
Siehe auch: Gottgeweihte
Vaiśyas
als Kaufmannsstand, *viii*
können höchstes Ziel erreichen, 92
Varāha, als Erweiterung Kṛṣṇas, 36
Varāha Purāṇa, zitiert in Bezug auf Nārāyaṇas Schöpfung, 66
Varṇāśrama, Bezeichnung der Anhänger der Veden, *viii*
Vasudeva, Kṛṣṇa als Sohn von, *xi,* 65
Vāsudeva, ist alles, 81
Vasus, von Nārāyaṇa erschaffen, 65
Vedānta-kṛd veda-vid eva cāham, xiv
Vedānta-sūtra
als Essenz der Veden, *xiv*
angeführt in Bezug auf Herrn als Ursprung aller Emanationen, 67
Bhāgavatam als autorisierter Kommentar zum, *xiv,* 28, 67
deutet nur an, was Brahman ist, *xv*
Vedāntisten. *Siehe:* Atheisten; Māyāvādīs; Nichtgottgeweihte; Unpersönlichkeitsanhänger
Veden
angeführt in Bezug auf falsche Lehrer, 42

betonen Hören von Autorität, *xi*
enthalten Wissen von der Transzendenz, 19
gelten als Mutter, *ix*
nicht von unvollkommenen Lebewesen verfasst, 5
regulieren Arbeitskraft des Menschen, 11
sagen, Kampf ums Dasein sei natürlich, 10
schriftlich niedergelegt für Kaliyuga, *xii*
durch Schülernachfolge überliefert, 29
auch *śruti* genannt, 10
Tun reguliert durch, 54
Unterweisungen in, nicht auslegbar, *ix*
als Ursprung des Wissens, *vii,* 84
Vedānta-sūtra als Essenz der, *xiv*
in vier Teile gegliedert, *xii*
Veda-vāda-ratas
von Früchten des Handelns betört, 42
legen Veden auf eigene Art aus, 43
Vedavyāsa. *Siehe:* Vyāsadeva
Vedische Schriften
beschreiben Gestalt des Herrn, 35
bezwecken Erweckung von Gottesbewusstsein, 42
erklären Herrn als empfindendes Wesen, 95
über das Erreichen anderer Planeten, 58
identifizieren Kṛṣṇa als Ursache aller Ursachen, 66
mit kundigem Bootsmann verglichen, 14
lehren, wie man zu Gott zurückgehen kann, 52
für die Menschheit verfasst, 7
nur durch Schülernachfolge zu verstehen, 43
spiritueller Meister sagt nur, was steht in, 63
Wissenschaftler wissen nichts von, 72
Siehe auch: Veden
Verehrung der gesamten Menschheit, 67
Vernichtung, zwei Arten von, 74
vikarma, definiert, 10
Virāṭ-Form, Herr außerhalb aller Dinge als, 25
Viṣṇu
göttliche Menschen streben nach Lotosfüßen von, 14
von Kṛṣṇa geschaffen, 65
Seine Energien, 72
Siehe auch: Höchster Herr; Kṛṣṇa; Persönlicher Gott
Viṣṇu Purāṇa, angeführt in Bezug auf Viṣṇus Energien, 18, 72
Viṣṇusvāmī, als Vaiṣṇava, *xi*
Viṣṇu-tattva, innerhalb des Universums, 79
Viṣṭabhyāham idaṁ kṛtsnam, Vers zitiert, 77
Vṛndāvana
Kṛṣṇas Spiele in, 78
Siehe auch: Goloka Vṛndāvana
Vyāsadeva
legte Veden schriftlich nieder, *xii,* 28
Nārada als spiritueller Meister von, *xiv*
sagt nie, die Absolute Wahrheit sei *jīva,* 81

W

Wanderung
aufgrund der Bindung an das eigene Tun, 10
gemäß materiellen Wünschen, 89

menschlicher Körper erlangt nach langer, 14
zu höllischen Planeten, 15
Welt, materielle
ācāryas nicht verwirrt durch Wandel der, 62–63
als äußere Energie, 18
drei Hauptgottheiten der, 65
gegensätzliche Interessen der, 32
Herr kommt wie ein Mensch in die, 36
Kṛṣṇas Gestalt nicht wie Formen in der, 35
als leblos, 49
von Lebewesen in Bewegung gesetzt, 86
Leiden in der, 52
nichts kann für immer bleiben in der, 71
verglichen mit einem Meer, 14
vier Mängel der Lebewesen in der, 5
als vollständiges Ganzes ausgestattet, 2–3
Wanderung in der, 91
wirkliche Heimat der Lebewesen nicht in der, 52
zwei Wissenssysteme in der, *xii*
Siehe auch: Natur, materielle
Welt, spirituelle
als innere Energie, 18
Gottgeweihte gelangen zum Herrn in der, 63
Lebewesen hat eigentlich Aufgaben in der, 49
nicht von Nachahmer zu verstehen, 29
unbegrenzt, *xii*
vedisches Wissen kommt aus der, *ix*
vom Herrn erhalten, 77
Wissen über, nicht durch Experimente, *xi*
Wirtschaftliche Entwicklung, für Sinnenbefriedigung, 41, 54
Wissen
ausgewogenes Programm von spirituellem und materiellem, 55
so genanntes, 41
durch Hören, *ix*
eingegeben in Herzen reiner Gottgeweihter, 87
empfangen von erleuchteten *ācāryas,* 49, 63
Entwicklung von, in *Gītā* beschrieben, 46
Gītā sagt, was ist wirkliches, 48
Kṛṣṇas Gestalt voller, 35
vollendetes, ist Kṛṣṇa, *xiv*
materielles
endet mit dem Körper, 48
Problem des Todes nicht gelöst durch, 51
als äußerer Aspekt der täuschenden Energie, *x,* 47
Menschen fälschlich eingebildet auf ihr, 47
menschliches Leben bestimmt für Pflege von spirituellem, 53, 97
pseudoreligiöse Menschen verfügen über kein, 60
regulierende Prinzipien erheben zu, 98
spirituelles, befreit uns vom Tod, 54
spirituelles, ist beständig, 47
transzendentales, jenseits des Universums, *xi*
von der Transzendenz, in Veden enthalten, 19
Veden als Ursprung vom, *vii,* 42
vedisches
in Brahmās Herz eingegeben, *x,* 5
als *śabda-pramāṇa* bezeichnet, *x*

durch Schülernachfolge, *x*
unfehlbar, 5
Ursprung des, in spiritueller Welt, *ix*
vollkommenes, *viii*, 81, 90
vollkommenes Mittel, den Herrn in Seinen Aspekten zu erkennen, 20
Wissenschaftler
erfinden mit Eifer tödliche Waffen, 47
erforschen Mond, 58
ihre grobe Unkenntnis über die materielle Natur, 71
können den Menschen nicht vor dem Tod bewahren, 51
wissen nichts von vedischen Schriften, 71

Y

Yajur Veda, Īśopaniṣad als Teil des, 5
Yaṁ yaṁ vāpi smaran, 91
Yasya prabhā prabhavato, 80
Yogīs, mystische
Herr nicht zu erreichen für, 74
können Brahmaloka erreichen, 74
lernen, die Körperlüfte zu beherrschen, 90
verehren Paramātmā, 81

Z

Zeitrechnung, auf höheren Planeten, 72–73
Zivilisation, menschliche
als Flickwerk von Tätigkeiten, Leid zu verhüllen, 42
heutige
betont materielle Seite des Lebens, 41
erhöht Fieber des materiellen Daseins, 53–54
Seelen vernichtend, 14